AF532911

ANTON LEISS-HUBER

Karfreitagstod

TODESTAG Im frommen Altötting ist Fastenzeit. Die Pfarrhaushälterin Fräulein Schosi hat sich in dieser Saison für den neuen Trend des intermittierenden Fastens entschieden. Dass sich nun just an diesem Karfreitag die Zeiger der Kirchturmuhr einfach nicht Richtung Mittag bewegen wollen, bringt sie deshalb an den Rand eines Nervenzusammenbruchs. Denn erst zur Mittagszeit darf sie wieder etwas zu sich nehmen. Und seit einer gefühlten Viertelstunde verharren die Zeiger bei fünf vor zwölf. Doch dies hat einen schauerlichen Grund: Ein Selbstmörder hat sich im Dachstuhl der Stiftskirche erhängt. Das verwendete Seil hat unter dem Gewicht des Korpus nachgegeben und so ist die Leiche in das Uhrwerk gestürzt. Oberkommissar Max Kramer und Kollegen können die Identität des Toten schnell feststellen. Es handelt sich um den Krankenhausapotheker Johannes Benner. Gegen ihn wird wegen Rauschgifthandel im großen Stil ermittelt. Wollte Benner seiner Verhaftung durch Suizid zuvorkommen?

Anton Leiss-Huber wurde im oberbayerischen Altötting geboren. Er ist studierter Opernsänger und Schauspieler. Einem breiten Publikum wurde er in den letzten Jahren vor allem durch seine Auftritte im deutschen Fernsehen bekannt. Man kennt ihn aus der Musiksendung des BR Fernsehens »Brettl-Spitzen«, der bayerischen Kultserie »Im Schleudergang« oder der Radio-Sendung »Schmankerl« auf BR-Heimat. »Karfreitagstod« ist sein neuer Kriminalroman um den jungen Oberkommissar Max Kramer und seine Jugendliebe die Novizin Maria Evita.

ANTON LEISS-HUBER

Karfreitagstod

ALTÖTTING-KRIMI

GMEINER

Jede Ähnlichkeit mit tatsächlichen Begebenheiten aus meinem Lebenslauf und mit tatsächlich lebenden Menschen, Geschehnissen und Institutionen um mich herum ist rein zufällig.

Besuchen Sie uns im Internet:
www.gmeiner-verlag.de

Im Ehnried 5, 88605 Meßkirch
Telefon 07575/2095-0
info@gmeiner-verlag.de

1. Auflage 2022

Lektorat: Sven Lang
Herstellung: Mirjam Hecht
Umschlaggestaltung: U.O.R.G. Lutz Eberle, Stuttgart
unter Verwendung eines Fotos von: © driendl / stock.adobe.com
Druck: CPI books GmbH, Leck
Printed in Germany
ISBN 978-3-8392-0144-2

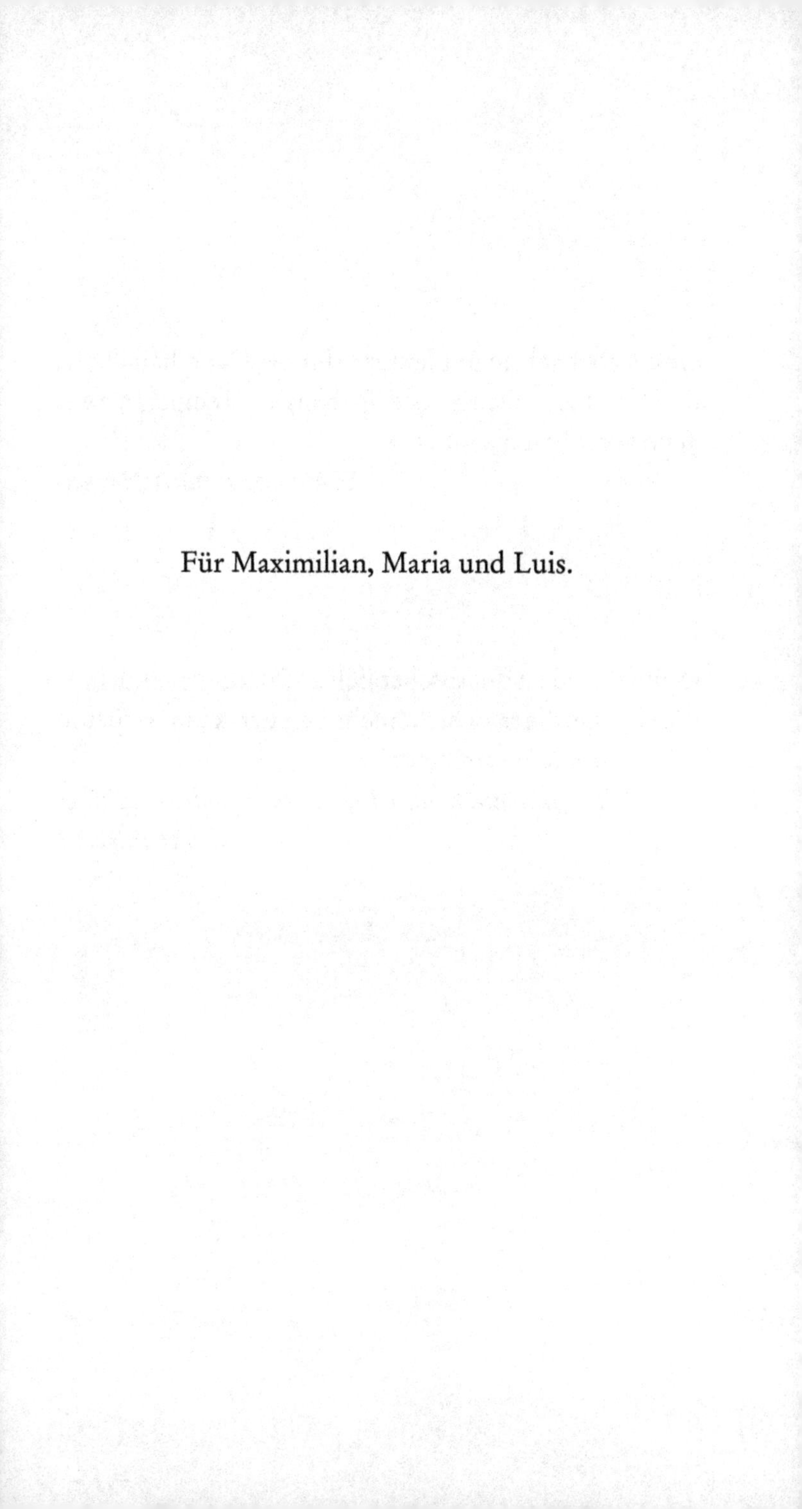

Für Maximilian, Maria und Luis.

»Jesus aber schrie mit lauter Stimme. Dann hauchte er den Geist aus. Da riss der Vorhang im Tempel in zwei Teile von oben bis unten.«

Evangelium nach Markus

»Selbstmord ist die abscheulichste [Sünde] mein Kind – die einzige, die man nicht mehr bereuen kann, weil Tod und Missetat zusammenfallen.«

Miller in Kabale und Liebe von Friedrich Schiller
5. Akt 1. Szene

INHALT

JUDAS ISKARIOT

ist derjenige, der Jesus verraten hat. Dieser Name steht synonym für den Verräter an sich. Er ist nicht zu verwechseln mit dem Apostel Judas Thaddäus.

Die ersten Lichtstrahlen des Tages durchbrachen das Dunkel. Der Himmel wurde eine Spur grauer und war nicht mehr so schwarz. In stockfinsterer Nacht hatte sie ihr Kloster verlassen und war zum Kapellplatz hinübergeeilt. Seit einigen Minuten war sie dort nicht mehr allein. Komisch, dass an diesem Morgen so viele Leute unterwegs waren. Das kam nie vor. Eine Ansammlung junger Menschen stand auf der Wiese vor dem Altöttinger Rathaus um etwas herum, das auf den ersten Blick wie ein Tapeziertisch aussah. Der zweite bestätigte diese Vermutung. Vorsichtig näherte sie sich. Die Gesichter, die sie in der Dämmerung erkannte, waren alle in ihrem Alter.

»Vevi«, hörte sie eine weibliche Stimme aus der Gruppe rufen, und Maria Evita versuchte auszumachen, wer sie im trüben Licht erkannt hatte. Sie trug nicht wie gewohnt ihren Habit, sondern zum ersten Mal außerhalb der Klostermauern ihren blauen Jogginganzug. Es war eine alte Schulfreundin: Ronja Paukenschlager. Diese hob die Hand und winkte Maria Evita zu sich. Nein, das passte ihr jetzt überhaupt nicht. Maria Evita hatte keinen Kopf für eine frühmorgendliche Unterhaltung. Sie beließ es bei einem »Guten Morgen« aus der Ferne und wandte sich zur Stiftskirche, um weiter ungestört durch die kühle Luft zu laufen, bevor sie ins Nonnenkloster zurückkehren musste. Unter ihren Schuhen knirschte der Kies. Dieses Schleifen und Kratzen hatte etwas Vertrautes, das auf einmal durch zwei unbekannte Stimmen durchbrochen wurde. Wo sie herkamen, war nicht auszumachen. Nach ein paar Metern verstand Maria Evita, worum es den Männern ging. Der eine hieß Johannes, den anderen sprach dieser mit Thaddäus an. Beide versuchten, ihre Stimmen im Zaum zu halten, was ihnen jedoch nicht gelang. Maria Evita sah zwei schattenhafte Umrisse in der Entfernung. Sie standen unweit des Denkmals für den Heerführer Tilly zwischen Gnadenkapelle und Stiftskirche. Beide Männer waren so mit sich beschäftigt, dass sie Maria Evita nicht entdeckten.

»Ich verkauf dir nichts mehr. Aus, bumm, basta. Ich bin ein für alle Mal raus aus dem G'schäft«, flüsterte der eine.

»Johannes, bitte«, flehte der andere.

»Thaddäus, du bist ein nerviges Etwas. Hör auf, mich zu verfolgen, und lass mich in Ruhe! Wer hat dir verraten, dass ich hier bin?«

»Noah hat zurückgetextet.«

Maria Evita drückte sich in eine Ecke des Bogenumgangs der Gnadenkapelle. Sie war sicher, dass sie beide Stimmen schon einmal gehört hatte, hatte aber zu keiner ein Gesicht vor Augen.

»Du schuldest mir noch was, Johannes.«

»Garantiert nicht! Wenn, dann schuldest du mir noch die Kohle für das letzte Mal, Thaddi.«

Thaddäus' Stimme schwoll an. »Johannes, du dumme Sau, ich … ich …«

»Leise, verdammt noch mal! Was ist? Willst mich etwa hinhängen? Dann wanderst du mit in den Bau.«

Maria Evita vernahm schnelle Schritte auf dem Kies, und das Gespräch der beiden Männer war beendet. Sie atmete tief durch, denn das Gehörte bereitete ihr Unbehagen. Langsam trat sie aus ihrem Versteck, setzte einen Fuß vor den anderen und blickte sich vorsichtig nach allen Seiten um. Die beiden Männer waren verschwunden. Maria Evitas Knie zitterten. Was sollte das alles bedeuten?

*

Der Balken gab ein leises Ächzen von sich. Der Dachstuhl wurde plötzlich von einem Lufthauch erfüllt, der sich durch die Ritzen des alten Gemäuers seinen Weg gebahnt hatte. Die Schuhspitzen bewegten sich dabei um wenige Zentimeter hin und her. Der Körper baumelte in der Luft. Kein Zucken, kein Todeskampf, nichts. Die Schlinge schnürte sich tief in das Nackenfleisch.

Der Strick hielt, bis wieder Windstille eingetreten war, dann sackte der Leichnam verbunden mit einem dumpfen Geräusch in die Tiefe.

ZWEI JAHRE UND NEUN MONATE ZUVOR

Tagebucheintrag

Vielleicht ist es besser, wenn ich das alles einfach beende. Ich kann nicht mehr. An jeder Stelle scheint es zu brennen, und ich komme mit dem Löschen nicht hinterher. Was habe ich nur angefangen? Entweder bin ich auf der Arbeit oder ich stehe auf einer Baustelle. Zum Abschalten bleibt keine Zeit und permanent plagen mich die Sorgen, wie ich das Geld an die Bank zurückzahlen soll, wobei ich eigentlich noch viel mehr benötige, um alles fertigzustellen. Wir brauchen ein Zuhause, und allein kann ich alles nicht mehr stemmen. Ich habe meiner Oma versprochen, mich um ihre Häuser zu kümmern. Wenn nicht bald ein Wunder geschieht, bin ich am Ende. Ich fürchte um meine Gesundheit. Mein Schatz will sich nicht von ihrem Mann trennen, und wir sehen uns kaum noch. Ich brauche ihre Nähe! Schatz, ich brauche dich doch.

I. RETTE MICH, HERR, VOR DEM EWIGEN TOD

Über den Kirchendächern flackerte die Hitze. Die Frühjahrssonne war an jenem Tag so stark, dass Kaplan Seidlinger fürchtete, einen Sonnenbrand zu riskieren, wenn er sich nicht ordentlich einschmierte, sobald er seine Dienstwohnung verließ. Das Wetter tat an diesem Karfreitag nichts, um die von seinem Arbeitgeber verordnete trübe Stimmung zu unterstreichen. Nun saß er auf der Terrasse des Eiscafés Cortello am Altöttinger Kapellplatz, hatte heimlich einen Spritz vor sich und schob alle unbequemen Gedanken an die drohende Hölle beiseite, weil er sich einen Drink an diesem strengen katholischen Fastentag gönnte. Bis er seine Ministranten wieder vor der Stiftskirche in Empfang nehmen musste, hatte Seidlinger noch zehn Minuten. Das reichte, um auszutrinken und vielleicht noch einen zweiten hinterherzukippen. Die freundliche Kellnerin würde ihn bei seinem Arbeitgeber nicht verpetzen. Da war er sich sicher.

Zeitgleich hatte sich der Altöttinger Frauenbund unter Führung seiner Vorsitzenden Baronin Novotny auf der anderen Seite des großen Platzes niedergelassen. Die Damen waren direkt nach ihrer Chorprobe für Ostersonntag in der Stiftskirche zum Kramer'schen Hotel zur Post hinübergeschlendert. Dort hatten sie an der

Ecke beim Devotionalienhandel Unterprammer unter den aufgespannten Sonnenschirmen geräuschvoll Platz genommen.

Petronilla Schosi, die Haushälterin des emeritierten Stadtpfarrers Monsignore Hirlinger, trommelte ungeduldig mit ihren Fingern auf der Tischplatte. Ihre Augen wanderten zwischen der Stiftskirchturmuhr, die über dem Dach der Gnadenkapelle hervorschielte, und dem freien Platz vor dem Altöttinger Rathaus hin und her, als würde sie ein Tennismatch verfolgen. Langhaarige Menschen veranstalteten auf der Grünfläche davor ein lautstarkes Get-together. Genervt hob Fräulein Schosi ihren Kopf und blickte zur Turmuhr. Wann würden die Zeiger endlich zwölf anzeigen? Seit einer gefühlten Ewigkeit weigerten sich der Minuten- wie auch der Stundenzeiger, ihre Plätze zu verlassen. So blieb es fünf vor zwölf. Auch das befreiende, hölzerne Mittagsklappern von der Kirchturmspitze her blieb aus, denn die Glocken schwiegen ja nach altem Brauch. Statt des Geläuts kamen heute in allen katholischen Gebieten diese hölzernen Instrumente mit ihrem charakteristischen Knarren zum Einsatz. Charakteristisch knurrte auch ihr Magen. Seit gestern Abend hatte sie Hunger, und ihre Laune verhielt sich wie ihr Insulinspiegel, beides war im Keller. Diesem gemeinsamen 16:8-Fasten, das irgendeine ihrer Frauenbundkolleginnen in der Mitte der Fastenzeit unüberlegt begonnen hatte, waren nach kurzer Zeit alle gefolgt. Eine Scheiß-Idee. Aber gegen diesen Zwang konnte sie sich nicht wehren. Und nachdem sie damit angefangen hatte, würde sie es unter allen Umständen auch bis Ostersonntag durchziehen, koste es, was es wolle. Aus, Äpfel, Amen!

Eine mittelalte Frau im hellblauen Loden-Catsuit, die sich neben Fräulein Schosi gesetzt hatte, hob unerwartet ihr Handgelenk. Eine silberne Armbanduhr und ein Bettelarmband klimperten daran. »Auf meiner Uhr isses aber scho fünf nach zwölf«, sagte sie.

»Annamirl, wir ham g'sagt, dass wir warten, bis die Zeiger an der Stiftskirch auf genau Zwölfe stehen und die Ministranten mit den Karfreitagsratschen klappern,« entrüstete sich Fräulein Schosi. »Herrschaftszeiten, is a bissal Geduld denn zu viel verlangt?«

»Du hast mir doch vorhin erzählt, dass d' bereits Bauchweh vor Hunger hast. Also i b'stell mir jetzt ein Sellerieschnitzel.«

Das nervöse Trommeln von Fräulein Schosis Fingerkuppen stoppte abrupt und sie schloss ihre Hand zur Faust. »Nix gibt's! Wir warten gemeinsam.«

Kopfschüttelnd sah Annamirl Leidl-Berggump zu ihr herüber. »Das ist kein Grund, die Contenance zu verlieren. Wir könnten wirklich mal bestellen, oder? Sechzehn Stunden sind bestimmt schon verstrichen. So schnell ist die Küche hier im Hotel dann auch wieder ned, dass das Essen in zehn Sekunden serviert wird.«

»Lass es gut sein, Annamirlchen«, schaltete sich die Vorsitzende Baronin Novotny mit ihrer krächzenden Raucherstimme dazwischen.

Annamirl Leidl-Berggump schüttelte den Kopf. »Vermutlich ist des krass ungesund, wenn man so sehr in den Unterzucker rutscht.«

Fräulein Schosis Geduldsfaden war kurz davor zu reißen. »Schmarrn! Des is doch der Sinn der Sache, hat mei Arzt g'sagt. Entweder ganz oder gar ned.«

Annamirl seufzte. »Ich bin froh, wenn das Fasten am Sonntag endlich ein Ende hat. Immer dieser Hunger am Vormittag. Abends ist es mir ja wurscht, dass ich nach acht nix mehr essen darf, aber das Frühstück auslassen, an des werd ich mich nie gewöhnen.«

Baronin Novotny sah sich nach einem Aschenbecher um, denn auf den Tischen war außer einer weißen Decke nichts zu finden. »Also Mädels, mir hat das Intervallfasten von Anfang an echt Spaß gemacht.«

»Als Spaß würde ich das nicht bezeichnen. Direkt Magenkrämpfe hab ich in der Früh. Da möchte ich dann am liebsten in meinen Küchentisch reinbeißen.« Die Anwesenden konnten in Annamirls Gesicht lesen, dass in dem von ihr gebrauchten Vergleich ein Körnchen Wahrheit steckte.

»Mit oder ohne Tischtuch?«, fragte Baronin Novotny trocken.

»Bitte?«

»Das war ein Witz, Annamirlchen.«

»Ach so. Haha.« Annamirl Leidl-Berggump lehnte sich in ihrem Stuhl zurück. »Vielleicht sollten wir im Pfarrbüro anrufen.«

»Um telefonisch eine Fastensuppe zu bestellen? Oder warum?«

Ein paar ältere Damen kicherten über Baronin Novotnys ironische Bemerkung, nur Fräulein Schosi war kein freundlicher Laut zu entlocken. Mit gekräuselten Lippen blickte sie erneut nach oben. »Die Kirchturmuhr is doch stehen geblieben. Die sollen des schleunigst reparieren. So ein Anruf ist gar keine schlechte Idee, Annamirl. Da muss ich dir jetzt ausnahmsweise recht geben.«

»Bis dahin bin ich verhungert. Also ich bestelle mir jetzt dieses Sellerieschnitzel von der Karfreitagskarte, und dann melden wir unsere Entdeckung im Pfarrbüro. Punktum!« Annamirl Leidl-Berggump schnippte in die Luft, um mit dieser Geste den Kellner zu rufen. Ein junger Mann tänzelte im nächsten Augenblick um die Frauengruppe herum und verteilte Speisekarten.

»Buona giornata mie belle signore! Was darf ich Ihnen servieren? Vielleicht schon ein kaltes Glas Weißwein?«, begann Fabio, der Kellner des Hotels zur Post.

»Wir warten noch. Aber für die Asche könnten Sie was bringen.« Baronin Novotny hob demonstrativ ihre Packung Zigaretten und schüttelte diese vor Fabios Augen.

Der Kellner zog aus dem Nichts einen Aschenbecher hinter seinem Rücken hervor. »Signora, für Sie habe ich selbstverständlich imme' alles dabei. Ich kenne doch Ihre geheimsten Wünsche.«

»Sie sind mir so einer, Fabio.« Baronin Novotny hob mahnend ihren Zeigefinger. »Meine geheimsten Wünsche, soso ...« Dann lachte sie tief und dreckig, bis ihr charakteristisches Husten sie überkam und sie nach einem Stofftaschentuch in ihrer Manteltasche kramte.

»Ich möchte jetzt ein Sellerieschnitzel«, wandte sich Annamirl Leidl-Berggump an Fabio, der seinen Block zückte und die Bestellung murmelnd wiederholte.

»Und die anderen Damen?« Er blickte in die Runde.

»Wie gesagt, wir warten noch«, hüstelte Baronin Novotny in ihr Taschentuch. Fabio zuckte mit den Schultern und verschwand.

Auf der kleinen Grünfläche vor dem Rathaus lachten die langhaarigen Menschen. Dies zog wieder Fräulein Schosis Aufmerksamkeit auf sich, die für einen kurzen Moment ihre Hungerschmerzen zu vergessen schien. Sie kniff ein Auge zu und musterte den für ihren Geschmack zu ausgelassenen Haufen. Zwei große »A« standen auf deren T-Shirts. »Wer sind eigentlich diese ungepflegten, lauten Zotteln da?«

Annamirl Leidl-Berggump fühlte sich angesprochen. »Die sind von der Alternativen Auswahl. Sieht man doch.«

»Ach des sind die! Und so was will in den Gemeinderat?« Fräulein Schosi schnalzte mit der Zunge. »Wie hast'n das so schnell erkannt, Annamirl?«

»Die Söhne vom Dr. Dube sind dabei und die Paukenschlager Ronja. Das ist die im roten Kleid.« Sie deutete auf eine junge Frau mit langen dunklen Haaren. »Die engagieren sich alle in der Alternativen Auswahl. Diese T-Shirts tragen sie immer bei irgendwelchen Wahlkampfveranstaltungen.«

»Machen die etwa Parteiwerbung da drüben?«

»Naaaa …« Beschwichtigend hob Annamirl Leidl-Berggump ihre Hand. »Schaut so aus, als täten sie bloß Ostereier suchen.«

»Am Karfreitag? Ja haben diese Zotteln den Verstand verloren? Eier gibt's erst am Ostersonntag. Man veranstaltet ja auch keinen Christkindlmarkt an Pfingsten. Warum schert sich eigentlich keiner mehr um die alten Regeln und Gebote? Diese Stadt degeneriert immer mehr!«

Baronin Novotny rollte mit den Augen und zog an ihrer Zigarette. »Wenn du es sagst.«

»Oder sehe ich das falsch?«

»Nein, nein, Petronillchen, ganz und gar nicht.« Energisch drückte die Baronin ihre Kippe im Aschenbecher aus, um sofort zur nächsten zu greifen.

Die Frau im roten Kleid, die Annamirl Leidl-Berggump vorher als Paukenschlager Ronja identifiziert hatte, löste sich von ihren Mitstreitern und machte sich auf den Weg in Richtung Frauenbund. An ihrem linken Arm baumelte ein Korb und in ihrer rechten befanden sich zwei gefärbte, hart gekochte Eier.

»Darf ich Ihnen ein kleines Osterpräsent überreichen?« Ronja lächelte jeder einzelnen Dame freundlich zu. Manche drehten sich weg oder taten so, als ob sie Ronja nicht gehört hätten. Ohne eine Antwort abzuwarten, legte sie mehrere Ostereier auf die Tische. Bei genauerer Betrachtung konnte man erkennen, dass unterschiedliche Sprüche auf den bunten Eiern aufgemalt waren.

Fräulein Schosi griff nach einem und hielt es vor sich. »Zwei Tag vor Ostern scho Eier verteil'n, is' wirklich eine Sünde.«

Ronja ließ sich in ihrem Tun nicht unterbrechen. »Sie müssen 's ja noch nicht essen. Die halten ein paar Tage.«

»Fabio, einen Salzstreuer bitte«, rief Annamirl Leidl-Berggump, die sich umgehend daranmachte, die Schale zu entfernen. Den strafenden Blick der anderen ignorierte sie.

Plötzlich stutzte Fräulein Schosi, denn sie hatte den ersten Spruch entziffert. »›Meine Mama war glücklich!‹ Was soll das denn bedeuten?«

»Dass wir nur Eier von glücklichen Hühnern verwenden. Das ist uns ein Anliegen und Bedürfnis. Unsere

Alternative Auswahl setzt sich für biologische Landwirtschaft und das Tierwohl ein.«

»Und das? ›Es ist fünf vor zwölf!‹ Haben Sie vielleicht was mit der Uhr auf der Stiftskirche zu tun?«

»Nein wieso?« Ronja war irritiert.

»Da, schauen S' rauf. Es will einfach ned Mittag werden. Herrschaftszeiten!«

»Es ist fünf vor zwölf fürs Klima«, erklärte Ronja. »Das wollen wir damit ausdrücken. Einen schönen Feiertag und frohe Ostern.« Sie machte kehrt und ging vor das Rathaus zurück.

»Mir sind diese Zotteln echt suspekt«, sagte Fräulein Schosi, als Ronja Paukenschlager es nicht mehr hören konnte. »Die meisten von denen wohnen ja auch zusammen in so einer Kommune.« Nun wurde sie leiser. »Die treiben es da … auch … ähhh ihr wisst scho, was ich meine.«

»Das ist jetzt nicht ganz wahr«, sagte Annamirl Leidl-Berggump bestimmt und schälte ein zweites Ei, während Fabio ihr endlich einen kleinen Salzstreuer auf den Tisch stellte. »Prego, Signora.« Annamirl verputzte das erste Ei mit zwei Bissen. Sie schluckte und sprach mit halb vollem Mund weiter. »Die Kinder vom Dr. Dube haben mit ihren Studentenfreunden die zwei renovierungsbedürftigen Bauernhäuser von der alten Benner bezogen und selbst Hand angelegt. Jeder, der dort lebt, hat seine eigene Wohnung mit eigener Eingangstüre. Von Kommune und freier Liebe, wie du andeutest, kann also nicht die Rede sein.«

»Ah, geh! Da erzählt man sich aber ganz andere Sachen.«

»Petronilla, mein Mann und ich sind mit den Dubes seit Jahrzehnten befreundet. Wäre es so, wie du meinst, dann wüsste ich das.«

Pikiert verzichte Fräulein Schosi darauf, etwas zu entgegnen. Plötzlich hörten sie aus der Entfernung ein kindliches Geplärr, das wohl »Hilfe« bedeuten sollte. Die Damen ließen ihre Köpfe kreisen, und manche standen erschreckt auf. Zwei Ministranten mit Karfreitagsratschen in Händen liefen durch den Bogenumgang der Gnadenkapelle. Der Größere der beiden trug ein rotes Messgewand und einen dazugehörigen Leinenüberwurf, während der andere in einem schwarzen Sportanzug steckte, der ihn klar als Mitglied des TSV Kastl auswies. Beide hasteten auf das Hotel zu und rammten dabei einen Mann mit geschultertem Kreuz, der eifrig seine Bahnen um die Kapelle zog. »Könnt ihr nicht aufpassen?«, blaffte er sie an. Beide ignorierten ihn, stolperten fast übereinander und blieben ein paar Meter vor Fräulein Schosi stehen. Ihre Gesichter waren kreidebleich.

»Da … da …«, stotterte der Kleinere von beiden und schluckte schwer.

Fräulein Schosi ging auf die Jungs zu. Nach dem Verhalten beider war ihnen gerade der Heilige Geist persönlich erschienen. Baronin Novotny blieb sitzen und blies eine Wolke blauen Dunsts gen Himmel.

»Warum habt's ihr denn mit euren Ratschen immer noch nicht vom Turm runtergescheppert? Es is doch scho Mittag.« Jedem Umstehenden war klar, dass der Ton in Fräulein Schosis Stimme nichts Gutes zu bedeuten hatte. Sie war kurz davor zu explodieren.

»Da …«, startete der Kleine einen neuen Versuch, einen vollständigen Satz zu formen, doch auch diesmal ließ er seinem ersten Wort nichts weiter folgen.

Plötzlich krümmte sich sein Kollege, der etwas abseitsstand, begann zu würgen, und ein Schwall Erbrochenes ergoss sich sintflutartig vor Fräulein Schosis Füße.

Baronin Novotny nahm einen tiefen Zug von ihrer Zigarette. »Na, Prost Mahlzeit.«

»Des auch noch … Meine schöne Salamipizza …«, wimmerte der Ministrant, als er sich aufrichtete.

Fräulein Schosi stierte ihn verständnislos an. »Hast du heute etwa scho Fleisch gegessen?«

»Sieht ma doch an den roten Bröckal.« Annamirl Leidl-Berggump presste sich ihre Hand vor den Mund. »Mein Gott, bei dem Anblick wird mir auch gleich übel. Gott sei Dank hab ich noch nichts im Magen.«

Ihre Fäuste in die Seiten gestemmt stampfte Fräulein Schosi mit dem Fuß auf. »Also das is doch die Höhe! Du Hundsgrippe, du greisliger! Du, als Ministrant, kannst doch nicht einfach gegen das Fastengebot am Karfreitag verstoßen! Buße, Opfer und eifriges Gebet solltest du verrichten. Heute ist ein strenger Fasten- und Abstinenztag. Von dir will ich jetzt wissen, wie du heißt. Das melde ich dem Kaplan Seidlinger, der wird dich dann im hohen Bogen aus der Ministrantengruppe rausschmeißen. Warum isst ma in der Früh eigentlich scho a Pizza? Tut es kein Marmeladenbrot mehr? Das ist wirklich ungesund. Absolut klar, dass dir von diesem ausländischen Zeugs schlecht wird. Ich sag's dir, das ist die gerechte Strafe von oben, weil du das Fastengebot gebrochen hast.«

Baronin Novotny kaute an ihrem Glimmstängel. »So ein Quatsch, Petronillchen! Gott straft doch nicht.«

»In diesem Fall schon«, keifte Fräulein Schosi.

»Weil der Bursche eine Pizza gegessen hat? Ernsthaft? Die ewige Verdammnis wegen ein bisschen Salami? Du bist doch nicht ganz bei Trost, Petronillchen.«

»Da …«, sagte der Kleine in der schwarzen Sportjacke wieder.

»Möchtest du uns irgendetwas mitteilen?«, wandte sich Baronin Novotny an den schwer atmenden Ministranten.

Dieser nickte und setze von Neuem an. »Da …«

»Ja?« Baronin Novotny zwinkerte ihm aufmunternd zu.

»Da … da … da … liegt einer im Uhrwerk.«

»Kein Wunder, dass sich die Zeiger nicht mehr bewegen.« Trotzig verschränkte Fräulein Schosi ihre Arme vor dem Bauch. »Ich hab doch gleich g'sagt, dass was kaputt ist.«

»Und der is tot«, fügte der andere Ministrant mit dem flauen Magen hinzu.

»Was?« Baronin Novotny schnellte in die Höhe.

»Ja, a Toter zwischen den Zahnrädern«, fassten die Jungen noch einmal ihre Entdeckung zusammen.

*

Niki saß am Küchentisch, neben sich ein Glas frischen Minztee, und betrachtete den Kohlrabi in ihren Händen. Vor ein paar Minuten hatte diese kleine Knolle noch in der Erde des Frühbeetes im Innenhof gesteckt. Frischer und gesünder ging es kaum. Jedes Mal, wenn sie auf die Ernte aus ihrem Garten blickte, erfüllte Niki Stolz. In den letzten Jahren hatten sie und ihre Freunde wirklich geschuftet und es geschafft, sich fast komplett selbst zu versorgen. Sogar zwei Bienenvölker hatten an der Wand des alten Stadels eine Heimat gefunden. Weitere Tiere gab es auf ihrem Hof nicht. Wozu auch?

Ein wunderbarer Duft erfüllte die Küche. Die Kartoffeln schmorten im Backofen vor sich hin, auf dem Herd kochte die Karottensuppe.

Niki legte den Kohlrabi beiseite. Sie griff nach dem Tee, pustete in den Dampf, der nach wie vor auf der Flüssigkeit tanzte, und stellte ihn zurück auf den Küchentisch. Immer noch zu heiß. Die grünen Blätter hatten ihre leicht gelbliche Farbe an das Wasser abgegeben, fast wie in einem bepflanzten Aquarium. Sie mochte Minztee zu jeder Jahreszeit, nicht nur, wenn es draußen kalt war. Niki drehte sich zur Haustür. Von dort hörte sie ein leises Schleifen und sah auf die Uhr. Es ging also los. Keine Panik jetzt!

Die Aktion der anderen auf dem Altöttinger Kapellplatz war parallel noch in vollem Gange. Sie stand auf und ging zum Backofen hinüber, nahm eine kleine Gabel aus der Schublade und testete, ob die Kartoffeln schon gar waren. Fehlanzeige. Zwar konnte sie mit der Spitze ohne große Kraftanstrengung hineinstechen, aber für den sofortigen Verzehr waren die Spalten zu hart. Sie musste noch etwas Geduld haben.

Niki drehte sich um, denn durch den Gang, der zur Haustüre führte, drang weiter dieses Geräusch herein. Es erinnerte sie an eine Akkubohrmaschine. Dieses Bohren zerrte an ihren Nerven. Konnten die denn nicht schneller machen?

Endlich wurde die Tür eingetreten und mit einem Krachen splitterte der Türstock in den Gang. Nikis Atem setzte aus. Jetzt war es so weit.

»Polizei! Polizei!«, brüllten die schwarz gekleideten Eindringlinge und stürmten die Küche. »Hände hoch!«

Entsetzt blickte Niki in den Lauf einer Waffe. Sie merkte, dass ein Hund an ihren Schuhen schnüffelte. Diese Szene schien nicht real. Passierte das gerade wirklich? So hatte sie sich das nicht vorgestellt. Ihre Knie gaben nach und ihre Beine sanken zu Boden, alles andere folgte. Sie konnte nichts dagegen tun.

*

Oberkommissar Max Kramer hatte schlecht, aber trotzdem lange geschlafen. Die Müdigkeit steckte ihm in den Gliedern und er war heilfroh, dass die Morgenbesprechung für ihn heute ausfiel. Am gestrigen Abend hatte er mit seinem Kollegen Fäustl und dessen neuer fränkischen Flamme Evi auf seinen kommenden, wohlverdienten Urlaub angestoßen. Die letzten Wochen hatten ihn stark gezeichnet. Altötting und Umgebung war nicht zur Ruhe gekommen. Gleich zwei Morde hatte die Kleinstadt in diesem Jahr zu verkraften gehabt. In der deutschlandweiten Kriminalstatistik lag sie damit sicher auf Platz eins.

Max warf seine Espressomaschine an. Das ersehnte Koffein würde ihm helfen, auf Touren zu kommen. Er zapfte sich einen dreifachen Espresso, griff nach der fast vollen Tasse und balancierte sie zur Spüle hinüber, um sie mit einem Schluck kalten Wassers aus dem Hahn zu kühlen. Dann wagte er einen vorsichtigen Probeschluck und leerte die Tasse mit dem zweiten. Nun setzte er sich an den Küchentisch und überflog an seinem Laptop die Schlagzeilen des Mühldorfer sowie des Alt-Neuöttinger Anzeigers. Der Hasenzüchterverein hatte seine Vorstandschaft im Amt bestätigt und der Spögler-Mord sowie dessen Hintergründe wurden noch einmal explizit beleuchtet.

Plötzlich schreckte er auf. Über ihm hörte Max etwas den Boden entlangrollen. Zum gefühlt zehntausendsten Mal stellte er fest, dass seine Wohnung hellhöriger war, als er beim Einzug vor gut einem Jahr vermutet hatte. In der letzten Zeit fielen ihm die Geräusche, die zu ihm herunterdrangen, immer deutlicher auf. Ab und zu knarrten die Dielen, und er vernahm den Hackengang seines Nachbarn. Dann weckte ihn das Rauschen der Klospülung mitten in der Nacht. Er war froh, dass das frisch verheiratete Paar sich keine lautstarken Auseinandersetzungen lieferte. Max atmete tief durch. Dabei mogelte sich das Gesicht seiner Ex in seine Gedanken. Vevi, jetzt Novizin Maria Evita, war in den letzten Monaten wieder zu einem Teil seines Lebens geworden, leider nicht zu dem, den er sich wünschte. Sie saß im Altöttinger Nonnenkloster und bildete sich ernsthaft ein, dass zwischen diesen heiligen Mauern ihre Zukunft lag. Das war völlig absurd!

Unerwartet heftig riss ihn der Bayerische Defiliermarsch aus seinen Überlegungen und der Name »Fritz Fäustl« erschien auf seinem Handydisplay.

»Das letzte Bier, das du mir hingestellt hast, muss echt schlecht gewesen sein. Ansonsten: Mir geht's gut. Danke der Nachfrage«, meldete sich Max.

»Mal schau'n wie lang noch«, tönte Fäustls Stimme aus dem Lautsprecher.

»Mir schwant nichts Gutes.«

»Dein Gefühl trügt dich nicht. Ich muss dich aus deinem Urlaub zurückholen. Wir hab'n einen männlichen Selbstmörder im Uhrenturm der Altöttinger Stiftskirche.«

»Kannst des ned allein machen? Klingt nicht besonders kompliziert.«

»Nada. Du bist der Ranghöhere, und Kunfter besteht auf deine Anwesenheit.«

»Was der Chef sich schon wieder alles einbildet.«

»Wir haben hier echt Personalmangel, weil die Damen und Herren vom K4 alle Ressourcen verbrauchen. Die sind an was Größerem dran, wie sie heute in der Morgenbesprechung verkündet haben.«

»Ach, die Kollegen vom Dreck haben's mal wieder ganz wichtig.«

»Scheint so. Die sprengen heute irgendwas in der Giftlerszene.«

»Dann hilft's wohl nix. Ich muss noch g'schwind ins Bad. Bis gleich.«

*

Dichter Kleinstadtverkehr. In Altötting ging es an allen kirchlichen Feiertagen hoch her. Max parkte an der Hinterseite des elterlichen Hotels zur Post auf einem Parkplatz, der den Pilgern und Touristen unbekannt war. Er stieg aus und machte sich zu Fuß auf den Weg zur Stiftskirche am Kapellplatz. Schwarz gewandte Menschen umrundeten mit kleinen Holzkreuzen auf ihren Schultern die Gnadenkapelle. Er ließ sie rechts liegen und blickte zum Portal der Stiftskirche hinüber, vor der eine Gruppe Frauen, zwei kleine Jungen, ein Einsatzwagen der örtlichen Polizei und ein Notarztwagen standen.

»Auf geht's!«

Manche Gesichter waren ihm bekannt. Auf dem Kiesboden kauerte ein Arzt in Weiß und hatte seinen Rücken an die Beifahrertüre gelehnt. Dass sein Kittel dabei dreckig wurde, schien ihn nicht zu kümmern. Drengelmann! Max biss sich auf die Unterlippe. Seit ihrem ersten Zusammentreffen konnte er diesen Trottel nicht leiden. Das beruhte auf Gegenseitigkeit. Max attestierte ihm vollkommene Selbstüberschätzung. Doch in diesem Moment war von seinem sonst so arroganten Auftreten nichts übrig geblieben. Drengelmann wirkte seltsam abwesend. Sein Blick unscharf auf irgendetwas in der Ferne gerichtet. Ein bulliger Sanitäter kam mit einer Wasserflasche aus Plastik angelaufen, öffnete diese und reichte sie Drengelmann, der ihn dabei weder ansah, noch ein Wort von sich gab.

Max schritt auf den Arzt zu. »Ist Ihnen der Leibhaftige erschienen?«, fragte er und ging auf die Knie, um mit seinem Gegenüber auf Augenhöhe zu sein.

»Halten Sie doch einfach Ihr verdammtes Maul, Kommissar Kramer!«

Max' Augen weiteten sich. So unverschämt hatte sich Drengelmann, trotz ihrer Zwistigkeiten, noch nie verhalten. Für einen Moment war Max sprachlos. Plötzlich fühlte er die Hand des Sanitäters auf seiner Schulter.

»Herr Kommissar, lassen Sie uns bitte mal ein paar Schritte beiseitegehen.«

Verdutzt folgte Max der Aufforderung des großen, kräftigen Mannes.

»Jan Nalepa, Rettungsassistent«, stellte sich der Mann mit ernstem Gesichtsausdruck vor und reichte ihm die Hand.

»Was hat den Guten denn so aus der Bahn geworfen?« Max wies mit seinem Kopf in die Richtung, in der Drengelmann nach wie vor regungslos auf dem Boden zusammengesunken war.

»Die ganze Sache ist für uns alle extrem schwer«, sagte Nalepa.

»Hat das mit dem Selbstmörder zu tun?«

»Ja.« Tränen schimmerten in Nalepas Augen.

»Sie kannten ihn?«

Der Rettungsassistent nickte. »Der Mann, der sich im Turm erhängt hat, heißt Johannes Benner.«

»Was ist Ihre Verbindung und die von Dr. Drengelmann zu ihm?«

»Er ist unser Krankenhausapotheker. Der Doktor war mit ihm etwas enger, soweit ich weiß.«

Ach, du meine Sch… Mit dieser Information war die Reaktion des Notarztes durchaus verständlich, und Max schämte sich für seinen vorherigen Begrüßungssatz. »Wissen Sie zufällig, wer ihn als Erstes entdeckt hat?«

Nalepa deutete auf die beiden Jungen, die sich ebenfalls auf der Erde niedergelassen hatten und von einem

Pulk von Frauen umringt wurden. »Die Ministranten da drüben.«

Max erkannte sofort, dass beide keine vierzehn waren und dies eine echte Fingerspitzenangelegenheit darstellte. »Herr Nalepa, haben Sie schon das Kriseninterventionsteam angerufen?«

Der Sanitäter schüttelte den Kopf.

»Bitte tätigen Sie dort einen Anruf. Nach meiner Einschätzung brauchen wir sie hier dringend für Dr. Drengelmann und die beiden Kinder.«

Nachdem ihm der Rettungsassistent versichert hatte, dass er sich umgehend darum kümmern würde, ging Max zu den beiden Jungen hinüber. Er erkannte Baronin Novotny und Fräulein Schosi, die den Ministranten unaufhörlich über die Haare streichelten. Im Hintergrund stand ein hilflos wirkender Kaplan Seidlinger, der Max kurz anlächelte, als er ihn kommen sah.

Baronin Novotny nahm ihre Hand vom Ministrantenkopf, nachdem die Anwesenden für Max beiseitegetreten waren und sie ihn erkannt hatte. »Gut, dass Sie endlich da sind, Kommissar. Die zwei da haben den Selbstmörder gefunden.«

»Einer hat sich deswegen sogar übergeben müssen«, sagte Annamirl Leidl-Berggump. »Direkt auf den Kapellplatz.«

»Ja, eine Salamipizza hat er heute Morgen gegessen«, schloss sich Fräulein Schosi an, um sogleich Luft für einen Nachsatz zu holen. »Das ist eine schwere Sünde am Karfreitag.«

»Für diese Art von Sünden ist die Kriminalpolizei nicht zuständig, Fräulein Schosi«, entgegnete Max.

Die beiden Jungs rappelten sich auf.

»Wie heißt ihr denn?«, fragte er.

»Luis Durchner«, sagte der Junge in der schwarzen Sportjacke.

»Und ich bin der Hill Christopher.«

Während die Jungs ihre Namen nannten, griff Max zu seinem Diktiergerät. »Und wie alt seid ihr?«

»Beide zwölfe«, sagte Luis.

Ohne das Einverständnis ihrer Erziehungsberechtigten durfte er sie nicht befragen, außer sie würden von selbst drauflosplappern. Aber wenn zu viel Zeit zwischen Entdeckung der Leiche und Befragung verstrich, konnte er aus Erfahrung sagen, dass dann nicht mehr alles stimmte. Max saß in der Zwickmühle. »Vorher seid ihr sauber erschrocken, oder?«

Beide nickten aufgeregt. »Ja, weil des is nämlich so g'wesen …«

Die Frage nach dem Befinden startete bei Mitteilungsbedürftigen immer eine wortreiche Kettenreaktion. Trotzdem durfte er sich dienstlich nicht zu weit aus dem Fenster lehnen. Max hob seine Hand und unterbrach den Redefluss. »Ist es in Ordnung, wenn ich aufzeichne, was die zwei von sich aus erzählen wollen?«, wandte sich Max an Seidlinger. »Sie haben doch die Aufsicht über die Ministranten Herr Kaplan, oder?« Das war jetzt eine Grauzone.

Seidlinger nickte stumm, und Max startete seine kleine schwarze Box. Er vertraute immer noch dieser alten Technik, auch wenn ihm sein Kollege Fäustl schon tausend Mal geraten hatte, für Befragungen die Voice-Memo-Funktion seines Mobiltelefons zu benutzen. Das wäre viel einfacher, vor allem beim späteren Einlesen in den Computer. Max verzichtete auf die Wiederholung der Namen und alle wichtigen Details, denn es handelte sich nicht um eine offizielle Befragung, dann ließ er Luis und Christopher wieder zu Wort kommen. »Sauber erschrocken?«, knüpfte Max an das vorher Gehörte an.

Christopher wollte antworten, doch Luis kam ihm zuvor. »Mia san da rauf, weil wir ja mit den Ratschen klappern sollten.«

»Mit was?« Max hatte das Wort nicht verstanden, also hob Luis ein kleines Holzspielzeug in sein Blickfeld, das wie ein starres Fähnchen aussah.

»Des da, weil ja die Glocken heut nicht läuten dürfen, weil …« Luis machte eine Pause und überlegte.

»Wir Katholiken verbringen den Tag in Stille«, schaltete sich Kaplan Seidlinger aus dem Hintergrund ein.

Nun kam Bewegung in Christopher. »Ja, weil die Glocken nämlich nach Rom fliegen und eine Wallfahrt machen. Dort holen sie sich den Segen vom Papst ab und tragen den dann wieder bis nach Altötting.«

»Aha.« Max wusste mit dieser Erzählung nichts anzufangen, vor allem waren sie immer noch nicht beim eigentlichen Thema angekommen: der Entdeckung der Leiche.

»Na ja, so etwas erzählen wir halt im Kindergottesdienst.« Entschuldigend zuckte Kaplan Seidlinger mit den Schultern. »Karfreitag ist ein trauriger Tag und das Glockengeläut hat etwas Fröhliches an sich, dass an diesem Tag einfach nicht passt. Schließlich ist Jesus am Kreuz gestorben.«

»Ganz bestimmt«, kam von Max ungläubig, um dann eine Spur energischer nachzufragen: »Im Turm seids ihr ganz schön erschrocken …«

»Ganz nauf wollt ma, also bis zu de' Glocken, aber so weit samma gar nimmer gekommen, weil …«

»Ja, weil im Uhrwerk einer gelegen ist. Ich hab g'meint, da schläft wer.«

»Aber wie ich ihn angestupst hab, hat der sich nicht aufwecken lassen. Und der Christopher hat dann g'sagt, dass er glaubt, dass der hi is.«

»Ja, komplett hin!«

»Also halt ganz tot.«

»Halb geht ja wohl schlecht«, sagte Fräulein Schosi, die der Befragung bisher schweigend gefolgt war. Max strafte sie mit einem bösen Blick, weil sie die Kinder unterbrochen hatte. Sie verstummte augenblicklich.

ZWEI JAHRE UND DREI MONATE ZUVOR

Tagebucheintrag

Ich kann nur sagen: yeah! Wir sind ein gutes Team. Flo hilft, wo er kann, und die anderen sind echt geschickt. Es geht einfach viel schneller, und die Perspektive später zusammenzuwohnen ist fantastisch. Das Leben in der Gemeinschaft als Lebensentwurf ist etwas, auf das wir alle hinfiebern. Freunde sind die Familie, die wir uns aussuchen.

II. AN JENEM TAGE DES SCHRECKENS

Max nahm die letzten Stufen im Laufschritt. Die hölzerne Treppe knarzte laut, wenn er seinen Fuß daraufsetzte und einen Absatz höher sprang. Je weiter er nach oben kam, umso wärmer und stickiger wurde die Umgebung. Kurz bevor er die erste Plattform mit dem Uhrwerk erreichte, blieb er wie versteinert stehen. Max blickte auf die größten Zahnräder, die er bis dato gesehen hatte. Riesige Zackenscheiben verhakten sich in kleineren, bis sie von der Größe her fast in eine Armbanduhr zu passen schienen. Dazwischen ragten zwei Füße in heller Leinenhose heraus. Ihm wurde schlecht.

»Kruzinesen!« Immer wieder schwindelte ihn beim Anblick von Toten, und dieses Gefühl steigerte sich von Mal zu Mal. Wenn das so weiterging, müsste er bald die Abteilung wechseln oder seinen Job bei der Kriminalpolizei an den Nagel hängen. Besonders schlimm war es, wenn er ein Opfer zuvor gekannt hatte. Das gab ihm den Rest, aber er hatte Angst, sein Problem vor seinem Arbeitgeber einzugestehen und um Hilfe zu bitten. Max hielt die Luft an, trat auf den alten Boden und schlich um das Uhrwerk herum, damit er den Toten genauer in Augenschein nehmen konnte. Plötzlich hörte er, wie von unten herauf jemand seinen Namen durch das Treppenhaus rief.

»Kramer, Kramer, wie viele Stufen sind es?« Das war die Stimme seines Kollegen Fritz Fäustl.

»Zehntausendzweiundsechzig«, rief Max zurück. Er dankte dem Universum, dass er an diesem Ort nicht länger allein bleiben musste, und riss sich zusammen.

»Das passt ja ganz ausgezeichnet in mein Sportprogramm«, kam es wieder von unten.

An dem sich anschließenden Poltern erkannte Max, dass Fäustl tatsächlich im Eiltempo den Weg nach oben meisterte. Er drehte sich von der Leiche weg und blickte die Treppe hinab, bis sein Kollege endlich um die Ecke bog, stehen blieb und schwer nach Luft rang. Sein Bauch war von einer Strickjacke eingeschnürt, bei der jeder Knopf unter Spannung stand. Schweißperlen zeigten sich auf seiner Stirn. Fäustl griff nach dem Geländer.

Max begann zu applaudieren. »Respekt für diese Leistung! Schon mal die Olympischen Spiele ins Auge gefasst?«

»Im Treppensteigen?« Fäustl schmunzelte. »Verarsch mich nicht, Kramer. Jeder Weg beginnt mit dem ersten Schritt. Keiner hat behauptet, dass Abnehmen leicht ist.«

»Hat dir diesen Sinnspruch dein Motivationstrainer beigebracht?«

»Nein, das sagt mir die Evi jeden Tag. Fast wie ein fränkisches Mantra. Wobei bei ihr klingt des eher so: A jeder Weech fängd midm ersdn Badscher oo.« Fäustl imitierte Evi Hauensteins Akzent täuschend echt.

Max ließ sich von seinen dunklen Gedanken ablenken und lachte. »Mei, Fritz aus dir wird ja no' a richtiga Franke!«

»Und dann sagt s' meistens, wenn s' mir in meinen Bauch gezwickt hat: Kanna had gsachd, dass Schbegg runder grieng a leichde Sach wärerd.«

»Ich schmeiß mich weg! Fritz, du bist ja ein Dialektgenie.«

»Hab ich dir gegenüber nie erwähnt, dass meine Mutter aus Franken g'wesen is?«

»Mit keinem Wort.«

»Na schau, jetzt weißt wieder ein bissal mehr über mich.« Schritt für Schritt nahm Fäustl die letzten Meter unter heftigem Schnaufen, bis er auf dem Uhrenstockwerk angekommen war. »Also, Kramer, schau ma uns mal um.«

»Johannes Benner heißt der Tote«, sagte Max und wies auf die Leiche zwischen den Zahnrädern. »Er ist der Krankenhausapotheker und sowohl dem Drengelmann, als auch dem Sanitäter persönlich bekannt.«

»Benner, Benner, Benner ... Schon mal gehört, aber gerade läuten keine Glocken. Bei dir, Kramer?«

Max schüttelte den Kopf. »Heute läuten sowieso keine Glocken.«

»Ach so, stimmt.« Fäustl kratzte sich am Kopf. »Karfreitag.«

»Fritz, rufst du bitte den Chef nachher an wegen der Abfrage im Aktenbestand? Vielleicht liegt ja irgendwas vor, weshalb dir der Name so bekannt ist.«

»Freilich. Du magst mit dem Kunfter nicht zufällig selber telefonieren?«

»Fritz, ich kann mir gerade was Angenehmeres vorstellen.«

Unter den Bodendielen klang es hohl, als sie um die alte Mechanik herumschritten. Um den Hals des Mannes lag eine Schlinge, Augen und Mund waren geschlossen. Das Gesicht wirkte friedlich, als ob er nur ein kurzes Nickerchen machen würde.

»Anscheinend war das Seil vorher an diesem Balken dort oben befestigt und hat sich später gelöst«, mutmaßte Fäustl und deutete zum Dachstuhl hinauf.

Max hob seinen Blick. »Der Leichnam ist anschließend zwischen die Mechanik gefallen und hat so die Zeiger an der Kirchenfront blockiert. Damit können wir den Zeitpunkt, wann sich das Seil gelockert hat, auf fünf vor zwölf datieren.«

»Korrekt, Kramer.«

»Was schätzt du, Fritz? Wie lange ist er dort gehangen?«

»Mein Gefühl sagt: sehr kurz. Und ich glaube, dass uns das auch die Rechtsmedizin bestätigen wird.«

Max bemerkte ein unangenehmes Ziehen an seinem Zungengrund. Ihm wurde wieder speiübel. »Fritz, machst du ein paar Fotos für uns, schaust dir seine Finger, die Verknotung und was er in den Taschen hat an? Ich steig mal runter und versuche, den Spusi-Toni zu erreichen.«

»Wird erledigt, Kramer. Aber brauch ma ernsthaft die Spurensicherung hier? Wieso hast du Zweifel, dass es sich um Selbstmord handelt?«

»Hab ich eigentlich nicht. Mir ist es wegen der Prominenz dieses Ortes wichtig. Der Benner wollte doch sicher ein Zeichen setzen, indem er sich ausgerechnet hier aufgehängt hat.«

*

Der Konvoi verließ den Hof, der etwas abseits am Altöttinger Stadtrand lag. Niki saß mit gefesselten Händen auf der Rückbank eines blau-silbernen Gitterkombis, der sich als mittleres von drei Automobilen in Bewegung setzte. An der Fensterscheibe sah sie die Gebäude ihrer Gemeinschaft vorbeiziehen. Im ersten Stock des alten Wohnhauses befand sich seit beinahe zwei Jahren ihr Zuhause. Ein Stich fuhr ihr ins Herz. Vielleicht war es das dann wohl. Ein Gefühl der Ungläubigkeit wurde vom Schmerz abgelöst, der zunahm, je mehr sich das Fahrzeug vom Haus entfernte. Niki hatte Angst, dass nicht alles so reibungslos funktionieren würde, wie sie sich das vorgestellt hatten. Maskierte Männer mit Maschinengewehren hatten ihr in der Küche die Waffen vors Gesicht gehalten. Die Angst, die sie fühlte, war real und nicht planbar. Obwohl seit ihrer Verhaftung nicht viel Zeit vergangen sein konnte, hatte Niki bereits das Gespür für Dauer und Wirklichkeit verloren. Sie musste sich zusammenreißen. War der Überfall vor einer Stunde oder fünf Minuten passiert? Sie erinnerte sich daran, dass sie vorher auf dem Boden gelegen war und ihr jemand ihre Hände hinterm Rücken gefesselt hatte. Komisch, dass sie diese nun in ihrem Schoß erblickte. Wann und wer hatte sie losgemacht? Wie lange hatte sie liegend zugebracht? Die Spanne, seit sie an ihrem Herd in die Kartoffeln gestochen hatte, bis jetzt hatte sich auf wenige Sekunden reduziert. Sie durfte nun nicht versagen. Sie musste einen kühlen Kopf bewahren, sonst war alles aus.

Die Polizisten, die sie wegbrachten, schwiegen, und der Wagen ruckelte, als sie vom Feldweg auf den Asphalt einbogen. Nikis Körper glich das Schwanken wie von selbst aus. Wo würden sie sie hinbringen und wann könnte sie Flo und die anderen wiedersehen?

In Gedanken ging sie nun die nächsten Schritte durch. Sie oder ihre Schwester mussten als Erstes ihren Vater anrufen, damit der seinen Anwalt benachrichtigte. Als Zweites hieß es dann Schweigen. Eisern!

*

Als Max durch die hohen geschnitzten Flügeltüren der Stiftskirche ins Freie trat, war ihm, als würde er von einer zentnerschweren Last befreit. Sein Kreislauf spielte an Tatorten inzwischen so verrückt, dass er kurzatmig wurde und nach ein paar Minuten für nichts mehr garantieren konnte. Tief sog er die frische Luft auf dem Kapellplatz in seine Lungen und war erleichtert, den blauen Himmel zu erblicken. Sein Zittern in den Händen ließ nach. Es schmerzte ihn, zugeben zu müssen, dass er ein richtiges Problem mit sich herumschleppte. Ja, er sollte dringend einen Termin beim Polizeipsychologen vereinbaren, das wusste er. Doch für das ganze Prozedere hatte er gerade keinen Nerv. Außerdem hatte er Angst, dass sein Chef, Veit Kunfter, Wind von der Sache bekommen und ihm nahelegen könnte, sich komplett hinter seinen Schreibtisch zurückzuziehen, um den Straßendienst robusteren Kollegen zu überlassen. Der Chef hatte ihn seit dieser Sache mit der Staatsanwältin auf der Abschussliste. Max würde ihm sicher keinen Vorwand liefern, ihn beruflich kaltzustellen. Das kam nicht infrage. Mit der Faust schlug er sich einmal auf die Brust. Ganz bestimmt würde er Herr der Lage bleiben.

In der Entfernung sah er zwei Uniformierte der örtlichen Polizei, die beide die Hand hoben, als sie ihn erkannten, und auf ihn zusteuerten. Der eine war Seppi Mayerling und der andere sein Stift in Ausbildung, Schinkenstuber mit Nachnamen, wenn er sich recht erinnerte.

Mayerling lüpfte zur Begrüßung die Dienstmütze. »Servus, Kramer.«

»Herr Kommissar«, sagte der Stift und deutete eine Verbeugung an, die Max mit einem verständnislosen Blick quittierte. War der junge Mann im letzten Jahrhundert stehen geblieben?

»Kennst du scho unsern Praktikanten, Kramer?«

»Nein, aber du wirst ihn mir sicher gleich vorstellen.«

»Des is da Schinke. Komm, schön die Hand geben, Schinke. Den Diener kannst da sparen! Darauf legt der Kramer keinen Wert.«

Schinke fuhr seine Hand aus und Max griff zu, um diese zu schütteln. »Freut mich, den Polizeinachwuchs im Dienst kennenzulernen. Und is der Dienst so spannend, wie Sie sich das vorgestellt haben? Oder is das Ganze im Vergleich zum Fernsehen eher enttäuschend?«

Seppi Mayerling ließ seinen Untergebenen nicht zu Wort kommen. »Kramer, für Small Talk hamma jetzt keine Zeit. Ich wollt nur kurz mitteilen, dass wir alle Personalien von den Leuten da aufgenommen haben.« Seppi deutete auf den Frauenbund und Kaplan Seidlinger, die nach wie vor dicht gedrängt beisammenstanden. »Falls du uns noch brauchst, wird's in der nächsten Stund schwierig, vorm Rathaus gibt's gleich einen Zugriff in der Giftlerszene, und deine Kollegen vom Dreck brauchen jeden abkömmlichen Mann von unserer Dienststelle.«

»Warum macht ihr in der Situation jetzt einen Zugriff?«

»Frag deine Kollegen.«

Schinke rieb sich die Hände. »Jetzt gibt's gleich an ziemlichen Radau mit der Alternativen Auswahl.«

»Mayerling, erklär deinem Azubi, dass des nix is, auf des ma sich freut. Mehr Ernst im Dienst bitte.«

Seppi Mayerling gab Schinke einen Klaps auf den Hinterkopf. »Reiß dich zamm! Und wehe, du denkst auch nur dran, deine Dienstwaffe zu entsichern.«

Schinke griff sich in seinen Nacken. »Vollkommen klar.« Er schluckte verlegen. »Wann ballern wir dann?«

»Heut nicht«, schrie Mayerling und Schinke duckte sich.

»Ist des für den Kleinen ned doch noch eine Nummer zu groß?«

Seppi Mayerling fasste sich an das kleine Funkgerät in seinem Ohr. »Einsatz«, sagte er unvermittelt. Eine Antwort auf die letzte Frage blieb er Max schuldig. Mayerling machte kehrt und nach wenigen Sekunden waren er und Schinkenstuber im Laufschritt hinter der Gnadenkapelle Richtung Rathaus verschwunden. Max folgte ihnen in gebührendem Abstand. Seine Neugierde wuchs, welchen Zugriff die Abteilung für Rauschgift hier plante. Von allen Seiten sah er Kollegen in zivil oder Uniform zum Rathaus sprinten. Über die Auffahrt beim Bichler'schen Gasthof rasten mehrere Kombifahrzeuge auf den verkehrsberuhigten Platz. Hier handelte es sich garantiert um etwas Größeres. Er erschrak. Eine Frau, die er im Tumult nicht identifizieren konnte, hatte einen Schrei ausgestoßen, der ihm durch Mark und Bein fuhr.

*

Der blonde Anzugträger lehnte sich in seinem Sessel zurück und wies auf eine lange Reihe von fotorealistischen 3D-Visualisierungen unterschiedlicher Immobilien, die an einer Wand des Konferenzzimmers angebracht waren.

Traudl Unterprammer blinzelte kurzsichtig zu der Bilderreihe hinüber. Es war extrem hell in diesem Raum. Er erinnerte mehr an ein Labor als an einen Besprechungsraum eines Bauträgers.

»Dafür brauch ich meine Brille, Herr Paukenschlager.« Sie griff rasch nach ihrer Handtasche, um ihr Etui herauszukramen. »So werden die Häuser dann in echt aussehen?«

»Es sind nicht nur einfache Häuser, Frau Unterprammer. Hier sehen Sie unser exklusivstes Angebot. Elegante Voralpenvillenhälften unweit des Zentrums am Altöttinger Stadtrand gelegen.«

Traudl Unterprammer schob sich ihre Brille auf die Nase. »Ein bissal viel weiß und grau, wenn Sie mich fragen. Und die ganzen Gärten sollen wirklich nur aus diesen komischen Gesteinsbrocken bestehen? Herr Paukenschlager, das gefällt mir nicht besonders, wenn ich ganz offen sein darf.«

Der blonde Mann lächelte. »Pflegeleicht. Das ist äußerst durchdacht geplant, technisch vom Feinsten.

Alle Entscheidungen, die endgültige Gestaltung betreffend – vorausgesetzt wir einigen uns –, liegen natürlich noch in ihrer Hand. Wenn wir es senioren- oder behindertengerecht ausbauen sollen, ist das auch kein Problem.«

»Nein, nein, es ist nicht für mich«, wiegelte Frau Unterprammer ab.

»Sie sehen es also als Geldanlage?«

»Nein, wenn, dann ist es für meine Nichte.«

»Für junge Familien ist die Lage natürlich einzigartig. Die Natur ist ihr direkter Nachbar.«

»Bei den Äckern an der Konventstraße ist doch die Staatsstraße mein direkter Nachbar.«

»Ja, und wenn Sie wenige Schritte weitergehen, befinden Sie sich am Waldrand. Richtig idyllisch.«

Frau Unterprammer verzog ihr Gesicht. »Da is doch noch die Kiesgrube dazwischen. Oder täusche ich mich da?«

»Absolut charmante Lage. In der halburbanen Stadtlandschaft Altöttings stellen diese Villenanteile mit jeweils zweihundertsechsundneunzig Quadratmeter Grundstücksgröße wohl die ideale Wohnform dar.« Paukenschlager strahlte über das ganze Gesicht, als würde er ein neues Weltwunder anpreisen.

»Früher hat man dazu noch Doppelhaushälfte gesagt.«

»Ich bitte Sie: Eine einfache Doppelhaushälfte ist nicht so hochwertig und geschmackvoll ausgestattet. Interessant könnte für Ihre Nichte auch sein, dass mehrere kleine Parks und Spielplätze in der Siedlung geplant sind.«

»Sie hat keine Kinder.«

»Was nicht ist, kann ja noch werden. Ich für meinen Teil bin ganz froh, dass sich meine Töchter mit der Familienplanung weiter Zeit lassen. Schau'n Sie mich an. Sieht so etwa ein Opa aus?«

Traudl Unterprammer setzte ihre Brille ab und schlug die Beine übereinander. »Nein, durchaus nicht.«

»Teuerste sind auch noch viel zu jung, um jetzt schon eine Großtante zu sein.«

Trotz des Kompliments fühlte sich Frau Unterprammer nicht geschmeichelt. Ihre Finger nestelten ein Mikrofasertuch aus der Handtasche hervor und begannen in kurzen zackigen Bewegungen, ihre Sehhilfe zu polieren. »Ich wäre froh, wenn mich meine Nichte schon zur Großtante gemacht hätte.«

»Kinder sind ein Segen. Bringen Sie Ihre Nichte doch mal mit. Ich erkläre ihr gerne jedes Detail zu unserem kommenden Projekt.«

»Das wird fürs Erste schwierig sein«, seufzte Traudl Unterprammer.

»Jaja, die junge Generation ist ständig beschäftigt und treibt sich gerne auf dem gesamten Globus herum. Ist Ihre Nichte auch so eine Weltenbummlerin?«

»Sie ist Novizin hier im Nonnenkloster.«

Nach einer kurzen Pause begannen beide zu lachen, doch dieses Lachen schlug in der nächsten Sekunde in unbehagliches Schweigen um. Paukenschlager blieb der Mund offen stehen und er bewegte seinen Hintern unruhig auf seinem Sessel hin und her. Nervös fuhr er sich über die Stirn. »Wollen Sie die Immobilie etwa der Kirche übereignen? Ich weiß nicht, ob die zukünftigen Anwohner so begeistert sind, wenn Nonnen nebenan wohnen.«

»Gott bewahre! Natürlich nicht. Den Teufel werde ich tun und der Kirche noch mehr in ihren Rachen werfen.«

Erleichterung machte sich in Paukenschlagers Gesicht breit, doch sein selbstbewusstes Auftreten hatte einen Dämpfer erhalten. »Gestatten Sie die Frage, warum Sie für eine Novizin ein Haus kaufen wollen?«

»Meine Nichte bekommt dieses Haus nur, wenn sie endlich mit diesem Schmarrn aufhört.«

»Novizin zu sein?«

»Sie sagen es.« Ihre Stimme klang aufgebracht.

»Glauben Sie, dass das so einfach geht?«

»Schauen Sie, Herr Paukenschlager, meine Nichte hatte nicht die leichteste Kindheit. Ihre Eltern sind durch einen Geisterfahrer ums Leben gekommen. Aufgewachsen ist sie dann bei mir. Das, was sie gerade im Nonnenkloster veranstaltet, ist nur eine lächerliche Episode ihres Lebens. Ich habe da so ein Gefühl, dass diese bald beendet sein wird. Es gibt da zum Beispiel einen jungen Mann …«

Paukenschlager wurde neugierig und streckte den Rücken durch. »Das klingt ja filmreif.«

»Stellen Sie sich vor, der ist bei der Polizei.«

»Faszinierend.«

»Bei den Kriminalern«, ergänzte Traudl Unterprammer, als würde sie ihrer Erzählung damit mehr Gewicht verleihen.

»Und der und Ihre Nichte …«

»Ja, ich denke schon. Es soll da neulich so einen Vorfall im Hotel zur Post gegeben haben. Das hat meine Büglerin zwischen Tür und Angel erwähnt und die wiederum weiß es von einer der älteren Schwestern im Nonnenkloster. Mir erzählt meine Nichte so was natürlich nicht.«

»Wollen Sie einen Kaffee?«

Das klang nach einer guten Idee und Frau Unterprammer stimmte zu. »Trinken Sie eine Tasse mit?«

*

Es war zwar nicht aus dem Nichts gekommen, trotzdem hatte sie Mühe, es zu verdauen. Seitdem die ehrwürdige Mutter sie vor ein paar Tagen um dieses klärende Gespräch gebeten hatte, wuchs ihre Panik davor unaufhörlich. Sie hatte geahnt, was kommen würde, und trotzdem zog es ihr den Boden unter den Füßen weg. Hilfe suchend sah Maria Evita zu Monsignore Hirlinger hinüber, doch der wich ihrem Blick aus. Maria Evitas Herzschlag rauschte ihr in den Ohren. Wummernd wie eine Bass Drum, die der Schlagzeuger unaufhörlich schlug. Die ehrwürdige Mutter hatte ihr den Rücken zugedreht und war bereits einige Schritte voraus. Maria Evita war so benommen, dass sie ihren gemeinsamen Spaziergang durch den Klosterpark nicht mehr weitergehen konnte. »Es ist besser, Sie packen Ihre Sachen«, hörte sie die Worte der Mutter Oberin wie in einer Dauerschleife. Packen, packen, packen. Das Wort wurde in ihrem Kopf immer lauter und es bereitete ihr Angst. Sie blickte auf die hohe Betonmauer, die den Klostergarten umschloss. Es war eine schmucklose Abgrenzung zur Außenwelt, die sie sowohl vor den Blicken der Nachbarn als auch vor den immerwährenden Geräuschen der Stinglhamerstraße schützte. Dieser Park mit seiner hohen Mauer war ihr Rückzugsort, ihr Ort der Stille, durch den sie jeden Morgen joggte. Die Abschirmung hatte natürlich den Nachteil, dass dadurch die Zeit für die Nonnen stehen blieb und viele moderne Neuerungen an ihrer Gemeinschaft vorbeizogen, als wären sie gar nicht vorhanden. Das war auch einer der Punkte, warum sie immer wieder aneckte.

Der schwarze Rücken der ehrwürdigen Mutter blieb stehen. In einer ausladenden Bewegung, die an eine Stummfilmdiva erinnerte, drehte sie sich Monsignore Hirlinger und Maria Evita zu. »Schon bei dem Kuss im Hotel zur Post, bei dem ich unfreiwillig Zeugin wurde, hätte ich die Notbremse ziehen sollen und Sie ohne Zögern aus unserer Gemeinschaft hinauswerfen.«

»An diesem …« Der Monsignore räusperte sich. »Diesem Dings hat Maria Evita nicht die geringste Schuld.«

»Ach, ja? Halten Sie mich etwa für dumm? Dazu gehören immer zwei. Ich habe Ihnen vergeben, Kind. Trotzdem kann ich nicht vergessen, dass Sie mich angelogen haben, um mit diesem Polizisten ein heimliches Tête-à-Tête zu veranstalten.«

»Richtet nicht, dann werdet auch ihr nicht gerichtet werden. Verurteilt nicht, dann werdet auch ihr nicht verurteilt werden. Erlasst einander die Schuld, dann wird auch euch die Schuld erlassen werden. Lukas sechs, siebenunddreißig«, wand der Monsignore ein.

»Lukas, Lukas, Lukas! Ich kenne das Evangelium.« Die ehrwürdige Mutter hob verzweifelt ihre Hände in Gebetshaltung gen Himmel.

Maria Evita hatte indes Mühe, jedem Wort ihrer

Begleiter zu folgen, denn in ihrem Kopf hallte jedes davon mehrmals nach und wandelte sich in einen Song ihrer Lieblingspunkband. *»Every night I know that she goes to Finos, and every night I know that she see's him. Every night she holds him tight at Finos ...«* In dem Lied ging es um einen Typen, der versuchte, einem anderen seine Freundin auszuspannen. Das permanente Lalala des Refrains übertönte inzwischen das Gespräch ihrer Vorgesetzten, und Maria Evita begann vor Nervosität zu schluchzen.

»Tränen sind jetzt fehl am Platz«, herrschte die ehrwürdige Mutter sie an. »Reißen Sie sich zusammen, Kind. Die Situation ist schon traurig genug.«

Hirlinger blickte Maria Evita mitleidsvoll an. »Aber nicht hoffnungslos«, sagte er mit einem matten Lächeln.

Jetzt zu weinen machte tatsächlich keinen Sinn. Sie hatte schon schlimmere Situationen in ihrem Leben gemeistert. Der Monsignore reichte ihr sein Stofftaschentuch, und sie wischte sich die Tränen aus den Augen und von den Wangen.

Die ehrwürdige Mutter legte ihr schroff die Hand auf die Schulter. Sie spürte das Gewicht. »Kind, ich glaube, dass Sie draußen besser aufgehoben sind.«

»Aufgehoben fühle ich mich außerhalb unserer Mauern nicht. Dort zu leben, ist schon einmal schiefgegangen.«

»Das ist eine andere Zeit gewesen, Kind.«

Maria Evita blickte nervös von einem Gesicht zum anderen, während sie die kleinen Perlen ihres Rosenkranzes in der Tasche ihres Habits durch ihre Finger gleiten ließ. »Finden Sie das auch, Joseph?«

»Du kannst immer zu mir kommen«, wich der Monsignore aus. »Ich bin nach wie vor dein bester Freund und für dich da.«

Maria Evita bemühte sich, einen klaren Gedanken zu fassen und die Klänge der Punkband, die nach wie vor in ihr tobten, zu ignorieren. Das kleine Kruzifix am Ende der Perlenkette stach ihr in den Daumen, und ihre Fingerkuppen befühlten den Leib des Herrn. Sie hatte keine Wahl und musste sich ihrer Angst stellen.

»Na, dann«, sagte sie, »ziehe ich halt wieder zu Tante Traudl.« Maria Evita war selbst erstaunt, wie leicht ihr dieser Satz über die Lippen gekommen war.

*

Paukenschlager kam zurück an den Besprechungstisch und stellte das Tablett zwischen sich und Traudl Unterprammer. Auf ihm waren zwei gefüllte Tassen, die von einer großen skandinavischen Möbelmarke zu stammen schienen, eine kleine Silberplatte mit gestapelten Würfelzuckerstücken, ein rotes Milchkännchen aus Plastik und zwei Scheiben Marmorkuchen auf Tellern samt kleinen Gäbelchen angerichtet.

»Ich hoffe, Sie fasten heute nicht.« Paukenschlager reichte eine Tasse an Traudl Unterprammer, bot ihr Milch und Zucker an, mit denen sie die dunkle Flüssigkeit reichlich verdünnte, und setzte sich wieder. Er trank seinen Kaffee schwarz.

»Ich habe zwei Töchter, die in der Nähe der Konventstraße leben«, begann Paukenschlager das vorherige Gespräch wieder aufzuwärmen. »Sie haben mit Freunden zwei alte Bauernhäuser eines Bekannten renoviert und darin eine Gemeinschaftswohnung bezogen.«

»Ach, ich weiß, wo das ist.«

»Die Nachbarschaft ist ganz nett. Ihre Nichte könnte sich dort bestimmt sehr wohlfühlen.«

»Meine Nichte …« Frau Unterprammer rollte mit den Augen. »Sie können sich gar nicht vorstellen, wie viele Ängste ich ihretwegen schon ausgestanden habe.«

»Doch kann ich. Wie gesagt, ich habe zwei erwachsene Töchter. Bitte nehmen Sie doch ein Stück Marmorkuchen. Süßes hilft mir immer, meine Nerven zu beruhigen.«

»Das ist eine ausgezeichnete Idee.« Traudl Unterprammer ließ sich nicht zweimal bitten und machte sich mit Appetit über den Kuchen her, kaute einige Augenblicke genüsslich und fuhr dann fort. »Zuerst der Unfall meines Bruders, der Vevi zur Vollwaise gemacht hat. Dann ist sie als Jugendliche mehrmals heftig mit Drogen in Kontakt gekommen. Einmal hätte sie das fast mit ihrem Leben bezahlt. Das Kreisklinikum hat sie Gott sei Dank wieder zurückgeholt, und danach konnte Vevi niemand davon abbringen, ins Nonnenkloster einzutreten. Permanent hat sie von ihrem Gotteserlebnis gefaselt.« Sie nahm die letzten Bissen und sprach mit vollem Mund weiter. »Gut! Insgesamt ist mir das natürlich lieber, als noch jemanden aus der Familie beerdigen zu müssen. Es ist trotzdem nicht optimal.« Traudl Unterprammer senkte ihre Augen und fuhr mit der Kuchengabel durch die Krümel auf ihrem Teller wie ein Rechen durch Sand.

»Und dieser junge Kriminalpolizist?« Paukenschlager stellte seine Tasse zurück aufs Tablett.

»Max ist meine letzte Hoffnung.«

»Für was genau?«

»Na, dass er sie zurück auf den rechten Weg bringt.«

Paukenschlager lachte. »Viele würden sagen, dass ihre Nichte bereits auf dem rechten Weg wandelt.«

»Nein, das tut sie eben nicht.« Traudl Unterprammers Stimme überschlug sich fast, und ihr Gegenüber bekam große Augen. »Donnerwetter, Sie haben ja ein Organ.«

»Verzeihen Sie bitte. Ich weiß auch ned, warum mich das emotional so aufwühlt.« Sie wirkte von sich selbst erschrocken.

»Kein Problem. Was raus muss, muss raus.«

In Paukenschlagers Sakko begann sein Handy zu summen. Entschuldigend sah er zu Traudl Unterprammer hinüber, zog es aus seiner Innentasche und besah sich das Display.

»Die Nachbarn meiner Töchter«, sagte er, stellte es auf stumm und legte es vor sich, ohne dranzugehen. »Wo waren wir stehen geblieben?«

Traudl Unterprammer sah ihn nachdenklich an, bis plötzlich Bewegung in ihr Gesicht kam. »Wissen Sie was, lassen Sie uns nicht lange fackeln. Ich kaufe Ihnen eine der Villenhälften ab. Wo ist der Vertrag?«

»Ähm … ähm«, stotterte Paukenschlager, »Sie können noch nichts direkt kaufen, nur reservieren, noch haben wir mit dem Projekt gar nicht begonnen.«

»Und wenn ich bar bezahle?«

Paukenschlager kratzte sich am Kopf. »Es gibt noch ein paar Probleme mit dem Grundstück. Diese Bilder, die ich ihnen gezeigt habe, sind nur eine Ankündigung, ein kurzes Exposé unserer Planungsphase sozusagen.«

Sein Handy vibrierte erneut. Nach einem kurzen Blick darauf sagte er: »Das sind schon wieder die Nachbarn meiner Töchter. Entschuldigen Sie bitte.« Nach den ersten Worten, die ihm aus den Lautsprechern entgegenströmten, wurde er bleich und Paukenschlager versank in seinem Sessel.

*

»Lassen Sie mich«, brüllte Ronja und leistete heftige Gegenwehr, als einer der Uniformierten sie festnehmen wollte. Rhythmisch klickten um sie herum die Handschellen. Die angeforderten Einsatzzüge leisteten Schwerstarbeit. Kaum einer der Alternativen Auswahl vor dem Altöttinger Rathaus wand sich so kraftvoll aus dem Griff der Polizisten wie sie. Immer wieder stieß Ronja einen schrillen Schrei aus, der manchmal schmerzerfüllt und im nächsten Augenblick wieder verzweifelt klang.

Max stand in sicherer Entfernung und beobachtete das Ganze. Hinter ihm hatte sich der halbe Frauenbund eingefunden.

»Mir waren diese Zotteln scho immer suspekt.« Fräulein Schosi rümpfte die Nase. »Endlich wird hart durchgegriffen. Ostereier am Karfreitag verteilen, das geht wirklich zu weit!«

»Petronillchen, die werden sicher nicht deswegen verhaftet«, sagte Baronin Novotny, zog eine Zigarette aus der Schachtel und zündete sie an. »Was haben die denn verbrochen, Herr Kommissar? Die Szene ist ja besser als im Kino.«

Max' Schläfen begannen zu wummern. Er drehte sich um und bedeutete mit ausgebreiteten Armen, dass die Damen sich schleunigst vom Acker machen sollten. »So, Sie haben exakt zehn Sekunden Zeit, hier freiwillig zu verschwinden, oder ich erteile Ihnen allen einen Platzverweis!«

Der Frauenbund erstarrte zu einer Gruppe von Salzsäulen. Nichts rührte sich mehr.

»Und wenn das nicht hilft, lass ich Sie verhaften! Na, wird's bald«, herrschte Max die Seniorinnen an. Baronin Novotny fiel die rauchende Kippe aus dem Mundwinkel. Binnen Millisekunden stob das Krampfadergeschwader auseinander. Max war erleichtert. Im Kies des Kapellplatzes hinterließen die vielen davontrampelnden Füße eine Staubwolke, aus der wie Phoenix aus der Asche plötzlich Fritz Fäustl heraustrat. Er hustete und klopfte seine Strickjacke ab.

»Was is den hier los?«

»Frag lieber nicht, Fritz. Und das vorm Rathaus sind …«

»Die Kollegen vom Dreck.«

»Wow. Gleich erkannt.«

»Nein, Kramer. Ich hab mit dem Chef gesprochen.«

»Und was sagt der Kunfter?«

»Das wird dir jetzt nicht schmecken.«

»Tut es nie.«

»Gut, dann alles der Reihe nach. Die Identität des Toten hat sich bestätigt. Ja, es handelt sich um den Benner aus dem Krankenhaus. Er hat an' Geldbeutel mit Ausweis, Führerschein und Kantinenkarte aus der Kreisklinik in seiner Jacke g'habt. Der Notarzt und seine

Sanis haben sich also nicht getäuscht. Dann hab ich den Chef angerufen wegen der Abfrage im Aktenbestand. Darin taucht der Benner auf. Aber nicht mit irgendwas Zurückliegendem oder einer Verurteilung …« Fäustl machte eine längere Kunstpause.

»Ja …« Max wurde hellhörig, denn sein Kollege schwieg nie so lange, wenn er danach nicht eine wirkliche Bombe platzen lassen konnte.

»Riskier mal einen Blick rüber zum Rathaus.«

Max wandte wieder seinen Kopf.

»Kramer, dieser Tumult da drüben wird wegen dem Benner veranstaltet. Wir ermitteln gegen ihn und sein Umfeld von der Alternativen Auswahl. Genaueres will uns der Kunfter jetzt in seinem Büro mitteilen.«

»Heut ist doch Feiertag.«

»Ja, und?«

»Was macht der Chef also in der Station?«

»Kramer, des hängt alles zusammen. Heute in der Morgenbesprechung gab's von den anderen Abteilungen nur Andeutungen wegen der Schweigepflicht. Da is was Riesiges im Busch. Die Spurensicherung hat im Turm übernommen. Der Toni ist in einem anderen Objekt, hat aber zwei seiner Männer zu uns geschickt. Komm, wir fahren nach Mühldorf.« Fäustl zückte seine Autoschlüssel.

EIN JAHR UND ELF MONATE ZUVOR

Tagebucheintrag

Die Bank will ihr Geld. Entweder ich verkaufe die Häuser freiwillig oder sie werden zwangsversteigert. Unser schöner Traum von einer gemeinsamen Zukunft als Gruppe hat damit ein Ende. Ich brauche einen Plan. Flo verdient nicht viel, und die anderen machen ihr Abitur oder studieren. Mit meinen Problemen will ich sie nicht belasten. Woher nehmen und nicht stehlen?

Ich bin dem Universum echt dankbar, dass es wenigstens Niki gibt. Ich liebe Niki. Sie ist das Beste, was mir passieren konnte. Auch wenn ich weiß, dass ich nicht der Einzige bin, so bin ich doch glücklich, dass es so gekommen ist. Ohne sie hätte ich vielleicht schon aufgegeben.

III. WO HIMMEL UND ERDE WANKEN

Wie gewohnt schnellte der Kollege am Empfang nach oben, sobald Max und Fäustl die Kriminalpolizeistation in Mühldorf betreten hatten. Das hieß, dass er eine Nachricht für einen der Hereinkommenden hatte. »Da seids ja! Ihr sollts sofort …«

»Beim Chef vorbeischau'n«, vollendete Fäustl die bekannte Zeile des Kollegen. »Du wirst lachen. Ich hab mit ihm bereits telefoniert.«

Lustlos lehnte sich Max an den Tresen. »Irgendwie kommt mir das so vor, dass jedes Mal, wenn ich durch diese Tür da komme, du mir irgendwas vom Kunfter ausrichten musst. Als hätte er nicht schon auf einem unserer Handys angerufen.«

Der Empfangskollege zuckte mit den Schultern. »Doppelt hält besser. Mei, Kramer, ich versteh ihn in der Angelegenheit auch nicht.«

In diesem Augenblick unterbrach die elektronische Version des Bayerischen Defiliermarsches die Unterredung, und Max versenkte automatisch seine Hand in der Sakkoinnentasche. Fäustl deutete mehrmals mit seinem Zeigefinger in seinen geöffneten Mund, um Max mitzuteilen, wie sehr ihn diese Melodie nervte. »Kramer, des Thema mit dem Klingelton hatten wir auch scho gefühlte fünfhundert Mal.«

»Never change a winning team. Altbewährtes währt eben am längsten.«

Fäustl rollte mit den Augen. »Ich glaub, ich hab ein Déjà-vu.«

Max erblickte eine Altöttinger Festnetznummer auf dem Display. Die Zahlenreihe ordnete er dem Unterprammer'schen Devotionalienhandel zu und er nahm den Anruf entgegen.

»Ich bin ausgezogen«, meldete sich Maria Evitas Stimme.

»Was?«

»Um bei der Wahrheit zu bleiben, hat mich die ehrwürdige Mutter rausg'schmissen. Tante Traudl gewährt mir wieder Asyl. Wir gehen nachher zum Packen ins Kloster hinüber.«

Max drehte seinen Kollegen den Rücken zu und schirmte mit der Hand seinen Mund ab, damit diese nicht jedes Wort seiner Unterredung mitbekamen. »Puh! Jetzt bin ich erleichtert. Ich hab zuerst verstanden, dass du nix mehr anhast.«

»Wieso denn das? Spinnst du, Maxl?«

»Na ja, ausgezogen …«

»Du denkst auch nur an das Eine, oder?«

»Vevi, dein Anruf passt mir jetzt gerade gar nicht.«

»Was?« Maria Evita klang wütend.

»Nein, so war das nicht gemeint.« Max begann zu schwitzen. »Ich wollte sagen, dass ich im Moment keine Zeit für dich habe. Hier geht es drunter und drüber.«

»Was bist'n du für ein Arsch? Ich erzähl dir, dass mein Leben Achterbahn fährt, und als Erstes denkst du, dass ich nackt bin, und als Zweites willst du mich abwürgen.«

»Du redest, als wärst du nie im Kloster gewesen.«

»Weißt was, ich hab jetzt keine Lust, mit dir weiterzudiskutieren. Wir hören uns. Neben meinem Leben, muss ich dir noch etwas anderes Interessantes erzählen, aber bitte, wenn du gerade keine Lust hast. Meld dich nachher, wenn der Herr Kommissar ein paar seiner Sekunden opfern kann. Gesegneten Feiertag!«

Max hörte ein Klicken in der Leitung, dann war das Gespräch beendet. Ungläubig über diese Wucht weiblicher Emotionen und der damit verbundenen Eskalation ließ er sein Telefon in die Hosentasche gleiten. Fäustl und der Kollege am Empfang schwiegen betreten, als er sich ihnen wieder zuwandte. Erschöpft blähte Max seine Backen und ihm entfuhr ein leises »Puh«.

»Also die ruft auch immer an, wenn wir hier im Eingangsbereich stehen, oder?«, sagte der Fäustl leise. »Und … äh … Kramer, den Lautsprecher würde ich an deiner Stelle echt endlich leiser drehen …«

»Lass mich jetzt bitte in Ruhe.«

»Kein Thema«, sagte Fäustl entschuldigend, dann trotteten sie nebeneinander den langen Korridor zu Kunfters Büro hinunter. Dort angekommen presste Max sein Ohr an die Tür. Dahinter war kein Laut zu vernehmen. Sie klopften und traten ein. Drinnen stand Veit Kunfter am Fenster, hatte die Augen geschlossen und ließ sein Gesicht von der Sonne bescheinen. Seine Glatze spiegelte im hereinfallenden Sonnenlicht. Seit gut einem Jahr war Kunfter ihr Vorgesetzter als Leiter der Kriminalpolizeistation in Mühldorf, und so ganz hatte er sich auf diesem Platz noch nicht zurechtgefunden. Jeder wusste von seiner Unsicherheit, die er tagtäglich überspielte. Er hatte für Max und Fäustl ein professionelles Lächeln übrig, als er sie begrüßte. Beide ließen sich ungefragt auf die Stühle fallen, die vor Kunfters Schreibtisch standen.

»Vielen Dank, dass Sie gleich zu mir gekommen sind, meine Herren.« Kunfter setzte sich in seinen Drehstuhl. »Kramer, es tut mir wirklich leid, Ihre Urlaubspläne durchkreuzt zu haben.«

Holla! Fäustl warf Max einen verstohlenen Blick zu. Mit dieser Art von Freundlichkeit hatte keiner von beiden gerechnet. Hatte Kunfter etwa Kreide gefressen?

»Kein Problem, ich wollte eh nicht wegfahren.«

»Der Zugriff, den das K4 vorher in Altötting vorgenommen hat, war seit Längerem geplant. Dass in unmittelbarer Nachbarschaft ein Selbstmörder hängt, eher nicht. Und damit komme ich zum Punkt.« Er wandte sich an Max. »Als mich Kriminalhauptmeister Fäustl vorher wegen der Abfrage im Aktenbestand kontaktiert hat, bin ich aus allen Wolken gefallen. Denn wir ermitteln gegen diesen Benner und sein Umfeld wegen Verstoßes gegen das Betäubungsmittelgesetz. Benner ist der leitende Apotheker des Kreisklinikums Altötting. Allem Anschein nach hat dieser Kerl bei seinem Arbeitgeber im nicht mehr benutzten Labor heimlich Methamphetamin hergestellt.«

»Crystal Meth?«, entfuhr es Max und Fäustl gleichzeitig. Kunfter nickte.

»Also damit hab ich überhaupt nicht gerechnet«, sagte Fäustl entgeistert.

»Ich auch nicht«, kam es leise aus Max heraus.

Kunfter fuhr fort: »Über die Gemeinschaft, in der Benner lebt, ist dann alles verkauft worden. Wir haben das Anwesen längere Zeit beschattet, bis wir uns sicher waren, dass an dem Verdacht tatsächlich etwas dran ist. Das K4 hat eine saubere Arbeit abgeliefert, und dann ist heute am entscheidenden Tag doch leider einiges schiefgegangen, wofür ich die Verantwortung übernehmen muss. Das hätte mir nicht passieren dürfen.«

Max wusste nicht, was ihn mehr überraschte: dass im Altöttinger Krankenhaus Crystal gekocht wurde oder dass der Chef einen Fehler zugab. Als er aufsah, wich Kunfter seinem Blick aus. Nach einer kurzen Pause sprach er weiter: »Die meisten Bewohner sind bereits um fünf in der Früh plötzlich aufgebrochen und haben sich am Kapellplatz versammelt, um einige Dinge für eine politische Veranstaltung am Vormittag aufzubauen. Ein Zugriff in ihren vier Wänden zum üblichen Zeitpunkt um sechs Uhr, war so nicht mehr möglich.«

»Ist diese Veranstaltung denn nicht angekündigt gewesen? Oder haben die Kollegen da was übersehen?«

»Sie war weder angekündigt noch genehmigt. Auf alle Fälle hat sich so der Zugriff sowohl örtlich als auch zeitlich verschoben. Und …« Auf Kunfters hoher Stirn zeigten sich Sorgenfalten, dann ballte er die Faust und schlug unvermittelt auf seinen Schreibtisch ein. Max und Fäustl zuckten zusammen. »Verdammt noch mal! Und der Hauptverdächtige entzieht sich der Verhaftung durch Suizid.«

Max entglitt geistesabwesend ein »Scheiße«, als ihm die Tragweite des Ganzen bewusst wurde.

»Das können Sie laut sagen«, schimpfte Kunfter.

»Also auch innere Leichenschau?«, erkundigte sich Fäustl vorsichtig.

Sein Chef nickte. »Kramer, würden Sie bitte mit der Jour-Staatsanwältin Kontakt aufnehmen und die Genehmigung für eine Autopsie einholen?«

»Wird gemacht.«

Kunfter sah zum Fenster. »Was mich seit Ihrem Anruf beschäftigt, Fäustl, ist die Frage, ob wir hier ein Leck in der Kriminalpolizeistation haben. Diese ganze Reihe an sonderbaren Zufällen, dass alle ausfliegen, sobald der Zugriff direkt bevorsteht, noch vor dem offiziellen Ende der Nachtzeit, dass besagter Benner seinem Leben ein Ende setzt …«

Dieser Verdacht war nicht so einfach von der Hand zu weisen. Max wurde heiß und kalt. Was, wenn der Chef mit seiner Vermutung recht hatte? Ihm fiel auf, dass Kunfter richtig schockiert war. Seine Lippen presste er mit Gewalt aufeinander und seine Pupillen wanderten rastlos durch den Raum. So hatte Max seinen Chef noch nie gesehen. Er nahm einen geräuschvollen Atemzug und sprach mit matter Stimme weiter. »Herr Staudt wird mit seinem Team das Uhrwerk durchforsten, sobald sie mit dem Anwesen in Altötting fertig sind. Kramer, bitte dringen Sie darauf, dass die Autopsie in München so schnell wie möglich über die Bühne geht. Morgen ist kein Feiertag. Ich erwarte umgehend Ihren Bericht. Vielen Dank, meine Herren.«

Während Fäustl sich erhob, blieb Max noch einen Moment sitzen. »Wenn mich jemand warnt, dass ich bald verhaftet werde, fliehe ich dann zu einem bekannten Platz in der Nähe, wo mich jeder sieht? Garantiert nicht. Das ist sicher Zufall. Aber das mit dem Selbstmord ist wirklich seltsam. Wusste das Krankenhaus Bescheid, dass gegen ihren leitenden Apotheker ermittelt wird?«

»Natürlich. Die haben das sogar angestoßen, Kramer.«

»Wie?«

»Wegen Details müssen Sie das K4 selber fragen, aber warten Sie mal.« Kunfter zog einen grünen Aktendeckel hervor und durchforstete die darin enthaltenen Papiere. Er zögerte einen Moment, dann schien er die betreffende Stelle gefunden zu haben. »Die stellvertretende Leiterin Frau Turovec und die pharmazeutisch-technische Assistentin Frau Rauch haben sich mit ihrem Verdacht an uns gewandt.«

»Wussten die auch, wann der Zugriff auf Benner erfolgen soll?«

»Nein, sicher nicht.«

»Kann ich die Kontaktdaten von der Rauch und der Turovec haben? Ich versuche, beide gleich zu erreichen.«

»Und …« Fäustl war noch etwas eingefallen. »Können Sie den Termin beim Haftrichter für die Mitbewohner vom Benner ein bissal rauszögern.«

»Nur bis morgen achtzehn Uhr. Das wissen Sie doch, Polizeihauptmeister Fäustl.« Kunfters Stimme zitterte vor Anspannung.

»Das reicht vollkommen. Wenn die alle in Haft verbleiben, müssen wir für eine Aussage bis in die zugewiesene JVA. Chef, ich glaube, dass das K4 jetzt Zeit braucht und wir auch. Da tun wir uns leichter, wenn alle Festgenommenen noch bei uns auf der Dienststelle sitzen.«

Kunfter nickte. »Sie haben bis morgen Spätnachmittag Zeit. Sechzehn Uhr. Keine Sekunde länger.«

*

Bei Turovecs zu Hause und unter der angegebenen Mobilfunknummer ging niemand ans Telefon, aber bei Frau Rauch hatten Max und Fäustl Glück. Sie lebte in der Siedlung Altötting-Süd und war in ihrer Wohnung. Rauchs Stimme klang aufgebracht, als sich Max als Kriminaler zu erkennen gab. Ohne den Grund des Anrufs zu kennen, fragte sie, ob ihrer Tochter etwas zugestoßen sei, um im nächsten Augenblick »Oder geht es um die Klinik-Apotheke?« nachzuschießen. Als sie darauf ein »Ja« von Max zu hören bekam, brachte sie ein erleichtertes »Gott sei Dank« hervor und versicherte, dass sie gegen eine Befragung in den eigenen vier Wänden, nichts einzuwenden hatte.

Fäustl saß am Steuer und lenkte den Wagen zu der angegebenen Adresse aus Kunfters Ermittlungsakten. Irene Rauch war sechsundvierzig, von ihrem Mann getrennt und alleinerziehend. Ihre sechzehnjährige Tochter befand sich gerade beim Vater auf Osterurlaub. Die Rauch-Wohnung war Teil eines schmucklosen Mehrparteienhaus aus den Fünfzigerjahren, dessen Fassade dringend renoviert werden musste, wie Max feststellte. Als Fäustl und er den Bau betraten, wehte der modrige Geruch eines feuchten Kellers durch das Treppenhaus.

Irene Rauch war ausnehmend freundlich, als sie die Tür öffnete, und winkte beide herein, ohne sich den

Dienstausweis zeigen zu lassen. Sie bat Max und Fäustl, ins Wohnzimmer zu gehen. Auf dem Weg dorthin mussten sie durch einen schmalen Gang, an dessen linker Seite sich Umzugskartons und Zeitschriften stapelten. Im Wohnzimmer sah es nicht viel besser aus als im Hausgang. Es war kaum zu glauben, dass eine einzelne Frau mit nur einem Kind ein solches Chaos veranstalten konnte. Sämtliche Flächen waren von Kleiderbergen in Beschlag genommen, aufgeschlagene Mode- und Möbelkataloge lagen herum, mittendrin stand eine Bügelstation und alle selten benutzten Teile waren mit einer zentimeterdicken Staubschicht bedeckt. Im Gegenlicht, das durch das einzige Fenster des Raumes hereinbrach, sah man, wie Abertausende Teilchen davon durch das Zimmer wirbelten, sobald man sich hier drinnen bewegte oder auch nur atmete.

Max wurde bewusst, dass die Frau das Tohuwabohu nicht als Problem ansah, als sie ihm und Fäustl bedeutete, Platz zu nehmen.

»Danke, ich bleibe gerne stehen«, schlug Max die Einladung aus. Wo hätte er auch sitzen sollen? Fäustl nickte kurz und gab damit zu verstehen, dass er sich Max' Entscheidung anschloss.

Nun wollte Frau Rauch sich selbst setzen und war einen Moment ratlos. Ihr Blick wanderte über die Berge an Dingen, die sie überall ohne erkennbare Ordnung platziert hatte, und begann zu lachen. »Das hier ist eine Ausnahme. Normalerweise sieht es bei uns nicht so aus.« Nervös fuhr sie sich durch das Haar.

Max nickte. »Kein Problem. Bei mir ist es ähnlich.« Das war natürlich gelogen. Max war zwar nicht besonders ordentlich, aber seine Wohnung hatte noch nie so schlimm ausgesehen. Fäustl lächelte stumm. Ohne ein Wort zu wechseln, war beiden klar, dass sie nicht mehr Zeit als nötig bei Irene Rauch verbringen würden.

»Wann waren Sie denn das letzte Mal im Krankenhaus?«, begann Fäustl.

Er bekam keine Antwort, denn Frau Rauch machte sich daran, einen hohen Berg Unterwäsche auf ihrer Couch umzuschichten. Als sie damit fertig war und darunter eine Sitzfläche für sich freigeschaufelt hatte, ließ sie ihren Körper darauf fallen. Sie sah Fäustl an. »Verzeihung, was war die Frage noch mal?«

»Wann Sie das letzte Mal bei ihrem Arbeitgeber waren.«

»Gestern, da herrschte bei uns in der Abteilung noch voller Betrieb. Dieses Wochenende mit den Feiertagen hat ein Großteil frei. Wir mussten vorarbeiten, was die Herstellung von Arzneien und Babybeutel betrifft. Man kann zu den Patienten ja nicht einfach sagen: Hey, es sind Ferien, ihr bekommst nichts.«

»Wie genau ist Ihr Verdacht entstanden und warum hat er sich erhärtet?«

»Was meinen Sie jetzt? Dass der Johannes bei uns Crystal kocht?«

»Ja, genau.«

»Wir hatten halt einen ziemlich hohen Verbrauch von gewissen Dingen in der Arbeit, der sich nicht so ohne Weiteres erklären hat lassen.«

»Die da wären?«, schaltete sich Max in die Befragung ein.

»Das hab ich doch schon alles Ihren Kollegen erzählt.«

Fäustl wollte darauf etwas entgegnen, aber zur Sicherheit kam ihm Max zuvor. Er wollte ihr noch nicht sagen, dass sie einem anderen Kommissariat angehörten und Benner inzwischen tot war.

»Wissen Sie, Frau Rauch, das ist uns etwas peinlich – aber manchmal verschwinden Protokolle einfach. Können Sie das verstehen?« Mit dieser Behauptung hatte sich Max weit aus dem Fenster gelehnt. Im Moment erschien ihm allerdings diese Ausrede für die wahrscheinlichste, die Irene Rauch schlucken würde, warum sie noch einmal alles wiederholen sollte. Schließlich verlegte sie öfter irgendwas, nach dem Zustand ihrer Wohnung zu urteilen.

»Ach so«, sagte Irene Rauch gleichgültig. »Kein Problem.«

Max hatte mit seiner Finte ins Schwarze getroffen.

»Es ging da vor allem um Sachen aus dem frei zugänglichen Lager.«

»Sie haben ein Lager für Arzneien, aus dem sich jeder bedienen kann?« Max war verwundert.

»Nein. So Putzmittel und Zeugs, das lagert gleich neben der Krankenhausapotheke. Das hat mir einer der Lageristen gesteckt, dass da so viel verschwindet. Und weil ich ein großer Fan von dieser Serie bin, Sie wissen schon, wo die da dauernd Crystal in der amerikanischen Provinz machen …«

Weder Max noch Fäustl konnten mit diesen Sätzen etwas anfangen.

»Na da, wo sie die Leiche in Säure auflösen«, ergänzte Irene Rauch, aber bei ihren Gegenübern ging immer noch kein Licht auf. »Is ja jetzt wurscht«, sagte sie. »Ich hab halt zwei und zwei zusammengezählt und hab dann unsere stellvertretende Leiterin Frau Turovec ins Vertrauen gezogen.«

»Warum sind Sie damit nicht zu Ihrem Chef, Herrn Benner, gegangen?«

»Keine Ahnung. Nennen Sie es Zufall.«

Bei Max schrillten die Alarmglocken. An der Behauptung, dass es Zufall gewesen sein sollte, dass sie Benner außen vor gelassen hatte, glaubte er nicht. Sie hatte für seinen Geschmack zu schnell auf die Frage reagiert, als hätte sie damit gerechnet und sich bereits eine Antwort zurechtgelegt. Dabei ging man doch mit einem so schwerwiegenden Verdacht direkt zu seinem Chef. Warum zum Schmiedl gehen, wenn man auch zum Schmied gehen konnte? Und diesen Spruch nahm sich jetzt auch Max zu Herzen.

»Wissen Sie zufällig, wo ich Frau Turovec finde? Wir konnten sie vorher telefonisch nicht erreichen.« Max fühlte, dass sie bei Irene Rauch vorerst nicht weiterkamen. Also war ihre Vorgesetzte Frau Turovec die naheliegende Möglichkeit, um an weitere Informationen zu kommen.

»Bei denen im Haus ist zurzeit niemand. Ihr Mann ist Chefarzt auf der Pädiatrie und sicher mit den Kindern zu Ostern unterwegs, und Frau Turovec hält heute die Stellung in der Klinik für unsere Abteilung. Dort schaltet sie ihr Handy meist aus oder zumindest auf lautlos.«

»Wer im Krankenhaus weiß, dass gegen Herrn Benner Ermittlungen laufen?«

»Nur Frau Turovec und ich.«

»Und Sie haben es auch niemand anderem gegenüber erwähnt?«

»Gott bewahre. Nicht, dass ich mich da am Ende noch strafbar mache.«

Max glaubte ihr. »Sie haben uns sehr geholfen, Frau Rauch. Wir melden uns wieder, sollten wir noch Fragen haben.«

Fäustl zückte eine Visitenkarte und drückte sie der Rauch in die Hand. »Und hier haben Sie meine Nummer, sollte Ihnen noch etwas einfallen, was Sie für wichtig erachten. Frohe Ostern.«

*

Fäustl glitt mit einem Ächzen auf den Fahrersitz, während Max sich daneben bereits angeschnallt hatte. Anstatt den Motor anzulassen, kramte Fäustl umständlich in seiner Hosentasche.

»Zefix«, schimpfte er, da ihm seine Leibesfülle im Weg war.

»Warum fahren wir nicht, Fritz?«

»Moment, Kramer.« Endlich wurde Fäustl fündig und er zog ein zerknittertes Foto hervor. »Manchmal bin ich froh, dass Menschen noch richtige Bilder ausdrucken und rumliegen lassen und sich nicht alles nur auf dem Handy abspielt.« Er reichte es an Max.

Darauf erkannte er eine jüngere Ausgabe von Frau Rauch, die einen Mann an ihrer Seite innig küsste. Im Hintergrund sah er Berge und Natur. Anscheinend war der Schnappschuss auf einem Ausflug entstanden, der bereits Jahre zurücklag. »Hast du des gerade mitgehen lassen?«

»Korrekt, Kramer.«

»Ja bist du denn wahnsinnig? Wie lang bist du schon in dem Geschäft? Du kannst doch nicht einfach ein Foto einstecken. Schon mal was von Diebstahl gehört?«

»Die Info auf dem Foto ist Gold wert. Glaubst du ernsthaft, dass die Rauch das bei ihrem Chaos da drin vermissen wird? Als Beweismittel werden wir es schon nicht brauchen. Ist nur ein Informationsvorsprung. Verstehst? Was siehst du, Kramer?«

Max beruhigte sich. »Rauch und ihren Exmann?«

»Falsch!«

»Jetzt spann mich nicht länger auf die Folter.«

»Das ist der Benner.«

»Echt, Fritz? Bist du dir da sicher? Ich hab ihm im Turm nicht ins Gesicht schau'n können.«

Fäustl nickte dreimal hintereinander. »Hundertprozentig! Ich hab dir die Leichenschau am Tatort ja freundlicherweise abgenommen und ich sag dir: Das ist der Benner. Er und die Rauch sind ein Paar oder waren es zumindest mal.«

»Ich tippe, wenn dann eher auf *war*. Man zettelt doch keine Ermittlungen gegen den eigenen Partner an, solange man noch mit ihm zusammen ist. Das ist echt seltsam.« Max sah aus dem Fenster. »Also auf geht's, Fritz. Kutschier uns bitte zum Kreiskrankenhaus.« Max schob das Foto in seine Jackentasche.

Der Wagen fuhr einmal quer durch die ganze Stadt. Fäustls Auto rumpelte an manchen Stellen gefährlich. Max fand, dass sein Kollege die Stoßdämpfer in der Werkstatt anschauen lassen sollte, behielt diesen Ratschlag aber lieber für sich. Fäustl konnte solche ungebetenen Empfehlungen nicht leiden. Sie parkten auf dem vorderen Parkplatz beim Hauptportal und betraten durch eine Schiebetür die Eingangshalle mit Besuchercafé und Anmeldung. Niemand war auf den Gängen unterwegs. Nur eine weiß gekleidete Dame saß vor ihrem Computer in einem Glaskasten, als wäre sie Teil einer schlecht besuchten Ausstellung. Max und Fäustl hielten darauf zu und zückten dabei ihre Dienstausweise. Je näher sie kamen, umso mehr verschwand das Lächeln aus dem Gesicht der Krankenhausangestellten. Als beide direkt vor ihr standen, hatten sich ihre Gesichtszüge zu Stein verfestigt.

»Oberkommissar Kramer und das ist Kriminalhauptmeister Fäustl«, sagte Max. »Wir möchten in die Klinikapotheke zu Frau Turovec.«

»Heut ist Feiertag. Ich weiß nicht, ob die da ist«, nuschelte die Dame in Weiß.

»Ist sie«, entgegnete Max.

Schweigend griff die Dame zum Telefon, das vor ihr stand, drückte ein paar Tasten und wartete, bis sich jemand am anderen Ende meldete. »Frau Turovec«, sagte sie in belegtem Ton, »da sind zwei Herren von der Polizei, die Sie zu sprechen wünschen.« Dem ließ sie nichts weiter folgen und murmelte ein paar Sekunden später nur zweimal »Nein« und einmal »Ja« zu etwas, das Frau Turovec in der Leitung von sich gegeben haben musste, dann legte sie auf. »Bitte warten Sie kurz, Sie werden abgeholt.«

»Wann hat die denn die Freude an der Arbeit verloren?«, wisperte Fäustl in Max' Ohr. Der Oberkommissar musste sich deshalb ein Lachen verkneifen und kehrte schnell der Dame seinen Rücken zu. Beide gingen ein paar Schritte vom Glaskasten weg.

»Spielen wir bei der Turovec good Cop, bad Cop?«, fragte Fäustl ironisch.

Max lachte. »Sicher.«

Im hinteren Teil der Halle öffnete sich eine Tür, die zum Treppenhaus führte, und eine gut aussehende, langhaarige blonde Frau, ebenfalls in einem weißen Kittel, trat heraus und steuerte mit ernster Miene auf die beiden zu. »Guten Tag, Turovec«, stellte sie ich noch in der Bewegung vor.

Max und Fäustl taten es ihr gleich und präsentierten dabei wieder ihre Dienstausweise. Sie gab ihnen einen Fingerzeig, sich ihr anzuschließen.

»Wir reden erst unten in der Apotheke. Klar? Hier braucht niemand etwas mitzubekommen.«

Die drei nahmen die Treppe ins Untergeschoss und schritten im Anschluss durch ein Labyrinth endlos wirkender Gänge der Krankenhausapotheke entgegen. Niemand begegnete ihnen. Immer wieder tauchten Wegweiser auf, die zwischen der alten und der neuen Apotheke unterschieden. Als Fäustl nach dem Sinn des Ganzen fragte, antworte Frau Turovec nur mit einem knappen »Später«. Max warf Fäustl einen verständnislosen Blick zu, den dieser mit einem Schulterzucken quittierte.

Frau Turovec führte sie in eine kleine Kammer, in der eine Reihe grauer Spinde stand. Sie öffnete zwei, deren Scharniere einen jämmerlichen Laut von sich gaben. Drinnen lagen mehrere durchsichtige Tüten parat, die weiße Plastikpantoffeln enthielten.

»Bitte legen Sie Ihre Jacken und Taschen ab.« Frau Turovec deutete in den Spind. »Dann wechseln Sie die Schuhe. Die unterschiedlichen Größen stehen auf der Folie. Ich warte draußen.« Anschließend verschwand sie.

*

»Willst des ned endlich wegschmeißen, Vevi? So was Verwaschenes trägt ma doch nicht mehr.« Traudl Unterprammer hielt ein T-Shirt mit Homer-Simpson-Aufdruck in Händen, das schon farbenfrohere Tage gesehen hatte. »Dass die dich das hier im Kloster überhaupt ham anziehen lassen? Sonderbar.« Maria Evitas Tante war eine rüstige ältere Frau, deren Gesicht an einen rotbackigen, runzeligen Apfel erinnerte.

»Tante Traudl, es hat ja keiner gesehen, was ich zum Schlafen getragen habe. Übernachtungsgäste hatte ich in meiner Zelle jedenfalls keine.« Sie fixierte ihre Tante. »Hilf mir bitte aus meinem Habit heraus.«

Tante Traudl zögerte. »Ich hätte nicht gedacht, dass mich dieser Satz aus deinem Mund doch so schmerzt. Jetzt ist es endgültig vorbei mit deinem Nonnendasein.«

»Schau ma mal«, sagte Maria Evita und hob ihr Arme, damit ihre Tante den Reißverschluss öffnen konnte.

»Na ja, hier nehmen s' dich ganz bestimmt nimmer zurück.«

Tränen traten in Maria Evitas Augen.

Ihre Tante schritt um sie herum und als sie vor ihr stand, strich sie über Maria Evitas Wange. »Mei, Vevi, ich wollte dich jetzt nicht kränken. Bei mir überwiegt die Freude, dass ich dich wieder bei mir habe. Schau nach vorn. Sei ehrlich, hier hast du doch nie wirklich reingepasst.«

»Aber gewünscht hatte ich es mir, und Sicherheit haben mir die Mauern hier gegeben. Ich hab Angst, wieder in alte Muster zu verfallen.«

»Du bist eine starke junge Frau und deswegen glaube ich, brauchst du dir keine Sorgen zu machen. Du hast mich, du hast Joseph Hirlinger und du hast Max.«

»Aber ich kann doch nicht auf ewig bei dir wohnen.«

»Stimmt. Du bist ja schließlich kein Kind mehr, und ich nicht mehr deine Erziehungsberechtigte.«

»Am besten suche ich mir eine kleine Wohnung in Altötting.«

»Das musst du nicht.«

»Du hast doch selbst gerade gesagt, dass unsere WG so nicht weiterbestehen kann wie vor meinem Eintritt ins Kloster.«

»Setz dich mal neben mich.« Traudl Unterprammer war zu Maria Evitas Bett hinübergegangen, hatte Platz genommen und deutete auf den freien Platz zu ihrer Linken.

»Tante Traudl, zum Ratschen haben wir später noch Zeit. Wir müssen hier mit dem Packen zügig fertig werden.«

»So sehr eilt das auch nicht. Oder musst du sofort auschecken, weil jemand an der Klosterpforte steht, der das Zimmer braucht. Na, komm.«

Maria Evita zögerte kurz, um dann doch der Aufforderung Folge zu leisten.

Traudl Unterprammer griff nach der Hand ihrer Nichte. »Vevi, ich hab mir so meine Gedanken gemacht und die Lösung gefunden. Du bekommst von mir einen Neubau an der Konventstraße.«

»Du kaufst mir eine dieser geplanten Doppelhaushälften?«, fragte Maria Evita entgeistert.

»Einen Villenanteil«, verbesserte Frau Unterprammer ihre Nichte freudestrahlend, dann herrschte plötzlich Stille. Die beiden Frauen schwiegen sich an. Traudl Unterprammer konnte nicht deuten, ob zwischen ihnen gerade positive oder negative Schwingungen hin und her waberten. Endlich huschte ein Lächeln über das Gesicht ihrer Nichte.

»Tante Traudl, das ist ja der Wahnsinn!« Überschwänglich umschlang Maria Evita ihre Tante. »Wann … wann … wann ist Baubeginn?« Die Vorfreude behinderte sie beim Sprechen.

»Es wird noch etwas dauern. So schnell wirst du mich nicht los. Der Herr Paukenschlager konnte mir noch keine Details nennen.«

»Ist das der Vater von der Niki und der Ronja?«

Frau Unterprammer befreite sich aus der Umarmung. »Kind, du erdrückst mich. Ich glaube, dass er zwei Töchter hat. Ja, das könnte sein.«

»Krass, so schließt sich wieder mal der Kreis. Ich war mit Ronja, der älteren, eine Zeit lang zusammen in der Klasse. Jetzt wohnt sie, soweit ich weiß, in dem alternativen Wohnprojekt am Stadtrand. Heute Morgen beim Joggen ist sie mir mit ihrer Schwester über den Weg gelaufen.«

»Das wird schon der Vater von der Ronja sein, so

häufig ist dieser Familienname nun ja aa wieder ned«, sagte Frau Unterprammer und stand auf, um zum kleinen Schrank neben der Tür hinüberzugehen.

»Ein eigenes Haus«, wiederholte Maria Evita ungläubig.

*

»Ich will sie mit meiner Frage keinesfalls angreifen, aber was soll das Ganze?« In Frau Turovecs Gesicht spiegelte sich Ahnungslosigkeit.

Fäustl verstand ihre Frage nicht. »Wie meinen Sie denn das?«

Max wusste im Gegensatz zu seinem Kollegen genau, worauf dies abzielte, entschied sich aber dafür, nichts zu sagen. Er wollte warten, wie sein Gegenüber sich verhielt. Dafür ließ er seinen Blick umherschweifen und schenkte ihr für ein paar Augenblicke keine Beachtung.

Frau Turovec hatte sich mit ihnen an einen Besprechungstisch gesetzt, der an die Seite gerückt war. Draußen vor dem Fenster dehnte sich ein künstliches, pflegeleichtes Schotterfeld aus, das in der Entfernung rechts durch eine circa zehn Meter hohe Mauer begrenzt wurde. Dort oben befand sich der Parkplatz. Die Apotheke war tief eingegraben in den Klinikuntergrund.

»Wieso bekomme ich es plötzlich mit zwei neuen Ermittlern zu tun? Und halten Sie es nicht für ein bisschen auffällig, hier am Feiertag einfach aufzutauchen? Ich habe Ihnen bereits meinen Verdacht dargelegt. Muss ich für Sie jetzt alles noch einmal durchkauen? Sie können doch in den Protokollen Ihrer Kollegen die Details nachlesen. Hier haben die Wände Ohren, auch am Feiertag.«

»Wir sind nicht vom K4«, unterbrach Max den Turovec'schen Redeschwall.

»Von was?«

»Vom Betäubungsmittel.«

»Und von wem sind Sie dann?«

Max hatte sich in den letzten Sekunden ein Bild von der Apothekerin machen können. Er hielt sie für eine ernsthafte, glaubwürdige Person. Wie würde Sie auf die Todesnachricht reagieren?

»Mord. Es geht um Suizid.«

»Verzeihung, aber jetzt versteh ich gar nichts mehr.«

»Herr Benner hat sich umgebracht.«

Reflexartig schlug sie ihre Hände vor den Mund. »Ach, du liebe Güte.«

Ihr Entsetzen wirkte nicht gespielt.

»Wusste er schon, dass Sie gegen ihn ermitteln?«

»Das versuchen wir herauszufinden.«

Frau Turovec stand auf und ging zum Fenster. »Ich kann jetzt nicht sitzen bleiben.« Dort drehte sie sich ruckartig, ging bis zur Tür, wendete erneut, um sich dann an einen der Schreibtische zu lehnen.

»Halten Sie einen Suizid bei Herrn Benner für möglich?«, fragte Max, als sie etwas zur Ruhe gekommen war.

»Wenn ihm klar geworden ist, dass wir ihm auf die Schliche gekommen sind … ja … schon …« Sie nickte zaghaft und sah zur Decke empor. »Hinter der Benner-Fassade steckte ein sehr zerbrechlicher Mensch, müssen Sie wissen. Ich habe ihm diese Chrystal-Kacke überhaupt nicht zugetraut. Das lag außerhalb meiner Vorstellungskraft. Johannes Benner fertigt bei uns im alten Labor Meth … Zuerst hab ich das als komplette Spinnerei abgetan.«

»Hatten Sie oder jemand anderes den Anfangsverdacht?«

»Das war eine unserer Pharmazeutisch-technischen Assistentinnen. Irene Rauch, eine langjährige Mitarbeiterin.«

»Und warum konnten Sie nicht recht daran glauben?«

Frau Turovec ging vor Max und Fäustl auf und ab und gab ihre Haltung auf. »Herrgott!«, schimpfte sie. »Ich habe halt nicht sofort reagiert. Ist das etwa strafbar?«

Fäustl war kurz davor, sich einzumischen, aber Max wies ihn durch eine minimale Geste an, ruhig zu bleiben.

»Natürlich konnte er deshalb einige Zeit länger weitermachen und seinen Dreck unter die Menschen bringen, weil ich nicht sofort zu Ihnen gekommen bin. Aber einen lebenszerstörenden Verdacht wie diesen … Da überlegt man doch gründlich, wie man weiter vorgeht … Ein Apotheker, der illegal Methamphetamin herstellt, das ist das Ende jeder Karriere.«

»Wissen die Kollegen vom K4, dass Sie sich Zeit gelassen haben, nachdem Frau Rauch Sie ins Vertrauen gezogen hatte?«

»Nicht wirklich.«

»Was heißt das genau? Um wie viele Tage reden wir hier?«

»Ungefähr zwei Wochen. Dann war auch ich felsenfest davon überzeugt, dass Herr Benner ein krummes Ding dreht.«

»Haben Sie es unter Umständen für eine Racheaktion von Frau Rauch gehalten?«

»Wie kommen Sie darauf?«

Max und Fäustl schwiegen, verschränkten gleichzeitig ihre Arme und lehnten sich zurück. Für eine nahezu endlose Minute schwiegen sie. Sie wollten Frau Turovec zum Weiterreden animieren. Waren die Rauch und der Benner ein offizielles Paar? Auf diese Antwort kam es ihnen an. Es schien für alle Anwesenden ein Wettbewerb zu sein, so lange wie möglich nichts zu sagen. Man hätte das buchstäbliche Fallen einer Stecknadel hören können. Als Frau Turovec die Stille nicht mehr aushielt, wiederholte die Apothekerin das Wort »Racheaktion«. Es hallte dabei von den kahlen Wänden wider. Max und Fäustl hatten gewonnen.

»Ja, das hab ich gedacht. Frau Rauch war mit Herrn Benner nämlich jahrelang zusammen, obwohl sie angeblich noch glücklich verheiratet war. Dann vor gut zwölf Monaten hat sie die Affäre, oder was das auch immer zwischen den beiden gewesen ist, beendet. Und glauben Sie mir, Irene kann in all ihren Aktionen und Reaktionen sehr ungerecht und irrational sein. Ich wollte davon von Anfang an nichts wissen. Das wird schnell zu einem Flächenbrand. Alle in der Abteilung haben Irenes Exmann gekannt. Er ist unter uns Kollegen sehr beliebt gewesen. Jetzt sehen wir ihn kaum noch. Ich habe aber auch schon zwischen Tür und Angel vernommen, dass Johannes Benner bei ihr zum Schluss nicht der Einzige war und sie schon wieder einen neuen Favoriten hatte.«

»Wann hatten Sie das letzte Mal Kontakt zu Herrn Benner?«

»Gestern am Gründonnerstag, hier auf der Arbeit.«

»Ist er Ihnen anders als sonst vorgekommen?«

»Nein, eigentlich nicht. Seitdem ich wusste, was er getrieben hat, hab ich ihn für einen sehr guten Schauspieler gehalten. Er war wie immer, würde ich sagen.«

»Wissen Sie, ob er an Depressionen litt?«

»Nein, das glaube ich nicht. Wie gesagt, sein Inneres würde ich als zerbrechlich beschreiben, aber nicht als depressiv. Er hatte auch keine Fehltage und hat mich nie außerhalb der Reihe als Vertretung gebraucht. Kein einziges Mal.«

»Wer wusste von den polizeilichen Ermittlungen?«

»Irene Rauch und meine Wenigkeit.«

»Haben Sie es jemandem erzählt? Vielleicht jemandem aus der Familie?«

»Nein, ganz bestimmt nicht. Ich kann Schweigen wie ein Grab, und das habe ich hier ebenso gehandhabt. Mein Mann ist Arzt. Wir kennen uns mit beruflicher Schweigepflicht aus. Ganz ehrlich, meine Herren, auch wenn das für Sie jetzt absurd klingen mag, aber ich hatte Angst, in etwas hineingezogen zu werden.«

Wie zuvor bei Irene Rauch hörte sich auch diese Aussage glaubhaft und schlüssig an. Max ging nun davon aus, dass Benner sicher nicht aus dem Krankenhausumfeld über die laufenden Ermittlungen informiert worden war.

»Wegen dieses Wortes: zerbrechlich. Das will mir jetzt nicht mehr aus dem Kopf. Sie meinen, dass Herrn Benners Psyche wohl grundlegend anders war, als er das nach außen darstellte.«

Frau Turovecs Blick richtete sich nach innen. Man sah ihr an, dass sie angestrengt überlegte.

»Woran machen Sie das fest?«, wurde Max präziser.

»Johannes Benner fühlte sich schnell angegriffen und reagierte mit übertriebener Härte, wenn in der Apotheke etwas nicht so gelaufen ist, wie er sich das vorgestellt hat. Er war fachlich nicht schlecht, glaubte aber permanent, dass wir seine Kompetenz infrage stellen. Das war bei Gott nicht der Fall! Und, dass die Beziehung mit Irene nicht gehalten hat, das hat ihm wehgetan. Er war deswegen traurig und saß oft allein nach Dienstende an seinem Schreibtisch. Dort hat er nur so vor sich hingestarrt. Mehrmals habe ich bei ihm Tränen gesehen.«

»Geben Sie uns doch bitte mal ein Beispiel seines übertrieben harten Verhaltens.«

»Habe ich auf die Schnelle keines parat, aber ich will es für Sie auf den Punkt bringen: Ich bin überzeugt davon, dass Herr Benner an einer paranoiden Persönlichkeitsstörung litt. Hinter allem und jedem witterte er eine Verschwörung. Einmal hü und dann wieder hott.«

Fäustl verlagerte sein Gewicht öfter von einem Bein aufs andere. Ihm brannte noch eine weitere Frage auf den Nägeln. »Frau Turovec, ich möchte noch einmal auf die Beschilderung in den Gängen zu sprechen kommen. Diese weist ja eine alte und eine neue Apotheke aus. Was hat es damit auf sich?«

»Sie sollten die Akten Ihrer Kollegen studieren.« Frau Turovec seufzte. »Die alte ist geschlossen, aber Abzug und Leitungen sind funktionsfähig. Wir benutzen sie nur als Lager.«

»Ahhh.« Fäustl ging ein Licht auf. »Gehe ich recht

in der Annahme, dass Johannes Benner genau diesen Umstand ausgenutzt hat?«

»Ja, da hat er in der Nacht sein Chrystal Meth hergestellt.«

*

Die gelb-weiße barocke Front des Altöttinger Nonnenklosters mit ihrer hölzernen Pforte strahlte im späten Nachmittagslicht. Auf der gepflasterten Straße davor stand Monsignore Hirlinger und an seiner Seite hatte sich Fräulein Schosi postiert, die ihre große ausgebeulte Handtasche gegen den Bauch presste. Joseph Hirlinger schmunzelte, denn ihm war bei dem Anblick ein alter Spruch eingefallen: »Die Tasche einer Frau, der Magen einer Sau, der Inhalt einer Leberwurscht bleibt ewig unerfurscht!«

»Ist das nun ein freudiger oder ein trauriger Anlass, Monsignore?«, riss ihn die tiefe, barsche Stimme seiner Haushälterin aus seinen Überlegungen.

»Weder noch, Fräulein Schosi.«

»Des war doch eh nur eine Frage der Zeit bis zum Rauswurf der Schwester, so wie die sich aufg'führt hat«, maulte Fräulein Schosi weiter.

Hirlinger verdrehte die Augen. »Sie hat sich ganz normal benommen. Eben wie eine junge Frau, die auf der Suche ist.«

»Und bei ihrer Suche das ganze Kloster in ein heilloses Durcheinander verwandelt …«

»Nein, das hat sie nicht!«

»Also ich hab da andere Informationen.«

»So, von wem denn?«

»Na, aus dem Frauenbund natürlich.«

Hirlinger griff sich an den Kopf. »Das ist auch die absolut sicherste Informationsquelle.«

»Gell, finden Sie auch?«

»Das war ironisch gemeint, Fräulein Schosi.« Im Kopf zählte er bis zehn. Das tat er immer, wenn er sich beruhigen wollte oder eine winzige Auszeit brauchte, um nicht die Beherrschung zu verlieren. Seine Haushälterin war eine lebenslange Geduldsprüfung, die ihm der Herr auferlegt hatte. »Seien Sie mir nicht böse, aber wenn ich mehr über irgendein Thema erfahren möchte, dann befrage ich lieber eine Glaskugel als den katholischen Frauenbund Altötting.«

Fräulein Schosi stellte ihre Tasche auf den Boden und kam mit einem Ächzen langsam wieder nach oben. »Was wollen wir hier? Glauben S' ehrlich, dass sich die Schwester Maria Evita freut, dass wir da sind?«

»Ganz sicher. So einen Weg geht man ungern allein.«

»Wie soll ich die jetzt ansprechen?«

»Bitte?«

»Schwester is sie ja keine mehr. ›Fräulein Unterprammer‹ klingt komisch.«

»Wie wär's mit ›Vevi‹ und ›Sie‹?«

»Wenn Sie meinen, Monsignore?«

»Da kommen die zwei. Seien S' halt einfach ein bissal nett zu ihr. Denken Sie an die Nächstenliebe. Maria Evita kann jetzt jede Aufmunterung brauchen.«

»Ich bin die Freundlichkeit in Person«, brummte Fräulein Schosi und zwang sich zum charmantesten Lächeln, zu dem sie gerade fähig war.

Die Pforte öffnete sich und Maria Evita trat in Begleitung ihrer Tante aus dem Kloster. Jede der Frauen trug einen Koffer. Als Maria Evita die Wartenden erblickte, blieb sie stehen, ließ ihren Koffer aus der Hand gleiten, um im nächsten Augenblick zuerst Monsignore Hirlinger und dann Fräulein Schosi in ihre Arme zu schließen.

»Sie können sich gar nicht vorstellen, wie glücklich ich bin, dass Sie mich abholen.«

Beiden war die Umarmung von Maria Evita in der Öffentlichkeit sichtlich unangenehm, aber Fräulein Schosi sah sich der Aufforderung ihres Arbeitgebers zu mehr Herzlichkeit verpflichtet. »Keine Ursache. Sie können sicher unsere vier Hände beim Tragen gebrauchen.«

Traudl Unterprammer wiegelte ab. »Sehr liebenswürdig, aber die fünfzig Meter bis zu mir nach Hause schaffen wir schon allein, Petronilla.«

»Wie wär's denn erst mal mit einem kleinen Schnapsal zur Stärkung?« Ohne eine Reaktion auf ihren Vorschlag abzuwarten, bückte sich Fräulein Schosi geräuschvoll, um nach ihrer Handtasche zu greifen, und zog vier kleine Fläschchen mit brauner und grüner Flüssigkeit heraus. Jedem drückte sie eines davon in die Hand. »Pfefferminzlikör oder des andere da is ein Mariazeller Magenlikör. Sie können ja untereinander tauschen, wenn Sie des eine nicht mögen. Die sind alle gut für Körper, Geist und Seele, weil sie so viele Heilkräuter enthalten. Allein die Pfefferminze ist gut gegen Kopfschmerzen, Übelkeit und Atemwegserkrankungen.« Das war Fräulein Schosis Lieblingsthema, über welches sie stundenlang dozieren konnte. Alles, was ihre Gesundheit und vor allem die des Monsignore anbelangte, hatte Vorrang. Ihre Stimme wurde immer schneller. »Für unsere Gesundheit ist Minze so ausgezeichnet, weil sie so viel Menthol enthält. Das ätherische Minzöl wirkt schmerzlindernd, schleimlösend und entzündungshemmend. Es passt also wirklich zu jeder Situation. Ob Trauer oder Glück, ganz egal, so eine Arznei hellt immer die Stimmung auf.«

»In der Tat«, sagte Traudl Unterprammer skeptisch und blickte auf das kleine bunte Ding aus Glas in ihren Händen.

Schlagartig verfinsterten sich Hirlingers Gesichtszüge. »Bekommen Sie von den Firmen eigentlich Provision, dass Sie uns deren Gebräu so anpreisen? Ich dachte, Sie wollten fürs Erste abstinent leben?«

Die Frage des Monsignore zog an ihr vorbei. Fräulein Schosi schwieg und schraubte nacheinander den Verschluss von zwei Schnäpsen ab und trank diese aus, ohne abzusetzen. Es schüttelte sie kurz, und ein die Seele entlastendes »Ahhhh« verließ ihre Lungen. »Na, auf geht's!« Sie blickte in die Runde.

»Ach, was soll's«, sagte Maria Evita und prostete ihr zu, was auf ihre Tante eine ansteckende Wirkung hatte.

»Richtig erfrischend«, lobte Maria Evita, und ihre Tante nickte.

»Ich finde den Geruch allein schon schlimm«, sagte Hirlinger. »Fräulein Schosi, wollten Sie nicht einen neuen Lebensabschnitt einläuten?«

Ein kurzer böser Augenschimmer seiner Haushälterin streifte ihn, um danach gleich wieder Fahrt aufzunehmen. »Schauen S'«, lächelte sie wieder krampfhaft als Zeichen ihrer Freundlichkeitsoffensive. »Hier habe ich noch einen Gebirgsenzian für uns.«

»Oh Gott, nein«, entfuhr es dem Monsignore.

»Nicht widersprechen! Das ist gesund.« Fräulein Schosi duldete keine Kritik und teilte an jeden ein neues kleines Fläschchen aus. »Enzian, der bayerische Wundertrunk bringt die Galle in Schwung, stärkt, ist entzündungshemmend, kühlend, menstruationsfördernd und auch besonders wirksam bei Wurmbefall.«

Der Monsignore gab seinen Enzian entschieden an Fräulein Schosi zurück. »Verzeihung, aber ich möchte nichts trinken. Wir haben heute am Karfreitag ein Abstinenzgebot. Auch wenn Ihr Ansinnen um unsere Gesundheit äußerst lobenswert ist. Was ist eigentlich mit Ihrem Führerschein?«

Fräulein Schosi presste mit Gewalt ihre Lippen aufeinander, um Hirlinger zu signalisieren, dass dies ein Thema war, über das sie gerade nicht sprechen wollte. »Flüssiges bricht das Fasten nicht! Oder Vevi, wie sehen Sie das?«

»Da gebe ich ihnen recht. Man sollte grundsätzlich, egal, ob Wochen- oder Feiertag, diesem Wurmbefall vorbeugen.« Ein Lachen überkam Maria Evita bei ihrem letzten Satz.

Monsignore Hirlingers gequälter Gesichtsausdruck verriet, was er in diesem Moment über seine Haushälterin dachte.

Traudl Unterprammer verfolgte amüsiert das Schauspiel. Sie kannte Petronilla Schosi seit Langem aus dem Frauenbund und wusste, dass man jeder ihrer Aufforderungen besser Folge leistete, um einem drohenden

Konflikt vorzubeugen. In diesem Fall handelte es sich Gott sei Dank bloß um Schnaps. Und so ein kleiner Zwischendigestif am Nachmittag war nie zu verachten.

»Mei, wenn Sie wüssten, was ich heute schon alles hab erleben müssen, da sind ein paar Würmer ein Klacks.« Fräulein Schosi kippte ihren Gebirgsenzian hinunter. »Einen Selbstmörder hamma heut scho in Altötting g'habt, und ich bin Zeugin einer Verhaftungswelle g'worden. Die Polizei hat uns endlich von diesen alternativen Zotteln befreit.«

»Bitte?« Maria Evita wurde hellhörig.

»Ja, die haben da einfach so ein Ostereiersuchen am Kapellplatz veranstaltet.«

»Was?«

»Regt Sie das auch so auf, Vevi? Und dabei ist doch erst Karfreitag.«

»Und deswegen sind Menschen verhaftet worden? Wer denn bitte? Das ist ja entsetzlich.«

»Na, die von der Dings … Dings … Alternativen Auswahl. Meine Freundinnen vom Frauenbund sagen allerdings, dass es nicht wegen dem Ostereiersuchen gewesen ist, sondern weil die alle … also jeder mit jedem. Verstehen S' scho?«

Monsignore Hirlinger reckte seine Hände krampfhaft in die Höhe und rang nach Fassung. »Noch mal, Fräulein Schosi, die Informationen aus den Reihen des Frauenbunds sind mit äußerster Vorsicht zu genießen.«

»Echt, die sind verhaftet worden, weil die alle querbumsen?«, mischte sich Traudl Unterprammer ein.

Ob diese Frage ernst gemeint war, konnten weder Maria Evita noch Monsignore Hirlinger beantworten. Auf Fräulein Schosi wirkte sie allerdings todernst. »Ja, da muss ma als Exekutive auch wirklich eingreifen. Sonst herrscht bald Sodom und Gomorra in der Stadt. Am Ende machen die noch einen Puff in Altötting auf. Also das wäre dann wirklich das Ende des Abendlandes.«

»Wir haben doch schon einen«, flüsterte Maria Evita Joseph Hirlinger zu.

»Erklär das mal lieber nicht Fräulein Schosi, die zettelt sofort wieder eine Demonstration zur Erhaltung der Moral an«, wisperte der Monsignore zurück.

»Es muss mal einer ordentlich auf den Tisch hauen. Genug ist genug«, redete sich Fräulein Schosi weiter in Rage, bis Monsignore Hirlinger ein ohrenbetäubendes »Ruhe« von sich gab, von dessen Lautstärke er selbst erschrak. Umgehend bat er die Anwesenden um Verzeihung. »Es tut mir leid. Aber um der Wahrheit willen, bitte ich Sie, mir zuzuhören. Niemand wird verhaftet, weil sie oder er Ostereier an einem Karfreitag gesucht hat, und sicher auch nicht, weil sie oder er mit ihm oder ihr ... Sie wissen schon, was auch immer angestellt hat.«

»Um wen geht es genau? Also wer ist konkret abgeführt worden?« Auf Maria Evitas Stirn stand ein großes Fragezeichen.

»Die Paukenschlager Ronja und ihre zotteligen Freunde«, sagte Fräulein Schosi, und Traudl Unterprammer warf ihrer Nichte augenblicklich einen vielsagenden Blick zu.

Maria Evita fasste sich nachdenklich an ihre Stirn. »Ich bin ihr heute Morgen noch begegnet, als ich kurz zum Laufen draußen war.«

Traudl Unterprammer nickte. »Grad eben haben wir noch über die Paukenschlager-Schwestern gesprochen.«

»Warum denn des?«, fragte Fräulein Schosi irritiert.

»Weil ich glaube, dass ich mit ihrem Vater ein Geschäft machen will. Wenn es sich um ihren Vater bei dem Bauunternehmer handelt. Ich werde Maria Evita ein Haus kaufen.«

»Joe Paukenschlager ist wirklich der Vater von Ronja und Niki«, sagte Monsignore Hirlinger.

Fräulein Schosi hob ihre Augenbrauen. »Der ist sicher auch so ein Bazi wie seine Töchter. Also ich würde mit niemandem, der mit diesen alternativen Zotteln in Verbindung steht, irgendeinen Vertrag abschließen.«

Hirlingers Finger krampften sich zu einer Faust. »Maria, ich wünsche dir einen schönen Abend. Wir sprechen dann morgen. Fräulein Schosi, wir gehen jetzt heim.«

»Ich hätt aber noch a paar Schnapsal dabei. Jetzt, wo es direkt gemütlich wird hier auf der Straße.«

Nun platzte Hirlinger der Kragen: »Wir haben keinen Durst mehr!«

Umgehend machte Fräulein Schosi kehrt und stampfte wütend in die andere Richtung davon.

Maria Evita klopfte Hirlinger auf die Schulter. »Was ist eigentlich aus Fräulein Schosis Führerschein geworden?«

»Drei Punkte in Flensburg und Entzug der Fahrerlaubnis. Sie glaubt immer noch an eine gemeine Verschwörung von Seppi Mayerling und dem kleinen Schinkenstuber, die allein eine Verkehrskontrolle errichtet haben, um ihr aufzulauern.«

*

Beim Verlassen des Kreisklinikums streckte Max demonstrativ seinen Daumen nach oben. »Glaubhaft.«

»Ja, das würde ich auch sagen.« Fäustl tippte lächelnd auf seine Armbanduhr. »Feierabend«, sagte er, während sie sich seinem Dienstwagen näherten. »Die Evi wartet jetzt schon auf uns in Neuötting. Nach Mühldorf vorher? Macht keinen Sinn, oder? Wir fahren gleich zum Reini in den Keimkasten. Der hat längst sein Fassl angezapft.«

Max nickte kurz, um dann doch mit dem Kopf zu schütteln. »Fritz, ich glaube, ich kann heute nix mehr trinken. Ich habe es gestern mit dir und der Evi übertrieben. Es ist besser, ich fahr nach Hause.«

»Mimimi!« Fäustl boxte ihm freundschaftlich auf die Schulter. »Nix gibt's! Eigentlich hättest du jetzt Urlaub, und es ist Tradition. Schau, nach so einem Tag mit Selbstmörder können wir alle einen Schnaps vertragen. Oder ein diätkompatibles Mineralwasser. Ich werde heute auch ned zu alt. Versprochen. Aber die ganzen Kollegen freuen sich auf uns. Des wird fast wie eine Blaulichtparty.«

Es brauchte nicht viel, um Max zu überzeugen. »Hast ja recht. Wir lassen aber dann das Auto stehen! Und es wird hoffentlich nur *fast* wie eine Blaulichtparty. An die letzte hab ich keine guten Erinnerungen.«

Fäustl lachte. »Um präzise zu sein, hast du an die letzte gar keine Erinnerungen. Ich bin diättechnisch abstinent, also spiele ich gern Taxi.«

*

Schinke, der junge Polizist in Ausbildung, den Max mittags kennengelernt hatte, stand mit feuerrotem Kopf und Maßkrug in seiner rechten auf einem hohen Stehtisch und grölte weit neben der Melodie, die aus den Lautsprechern in den Ecken dröhnte, »Heeeeeeeeey, hey baby, uuuu aaaa …« Je mehr seine Töne von der eigentlichen Gesangslinie abwichen, umso lauter wurde er. Seinen linken Arm hatte er um eine dralle Mittzwanzigerin gelegt, die mit ihm auf die Tischplatte geklettert war und ihn offensichtlich anhimmelte. Beide zogen die Köpfe ein, denn die halbrunde Gewölbedecke drückte von oben. Um sie herum herrschte das typische Chaos von Menschen, die ab nachmittags nichts anderes auf dem Tagesplan hatten, als sich gepflegt einen hinter die Binde zu kippen.

Kopfschüttelnd musterte Fäustl das Schauspiel über ihm. »Ich bin echt froh, dass es den traditionellen, halbillegalen vegetarischen Karfreitagscocktail hier im Keimkasten gibt«, sagte er an Max gewandt. »Wo sollten sonst die ganzen Verrückten heut hin? Als Kind hab ich diesen Tag ja gehasst. Das war der fadeste im ganzen Jahr. Nix hast machen dürfen, bloß andächtig schauen. Und irgendwann am Nachmittag hat mich meine Oma immer in die Kirche geschleift, und da is es dann ewig um den Tod am Kreuz gegangen. Eigentlich wollt ich doch nur Fußball spielen. So ein evangelischer Karfreitag ist echt zappenduster.«

»Glaub mir, Fritz, bei den Katholiken auch.«

»Ich versteh überhaupt nicht, warum es noch dieses gesetzlich verankerte Tanzverbot gibt. Dass der Reini hier die Musik so aufdreht, ist zwar total verboten, aber es juckt doch auch keine Sau! Oder? Außerdem besteht die Hälfte seiner Gäste sowieso aus Kollegen.«

Fäustl blickte sich in dem engen, teils grün gefliesten Gewölbe um. Früher keimte hier einmal das Getreide für den anschließenden Brauprozess im sogenannten Keimkasten-Becken. Ein Steg, auf dem sich die Bar befand, teilte den Gastraum in zwei Hälften. Auf der linken Seite befanden sich die Stehtische, und auf der rechten zwei größere, an denen die Gäste sich setzen konnten. Dort hatte Evi Hauenstein, Fäustls neue Freundin, mit ein paar ihrer Mädels Platz genommen. Ihre Gläser waren mit einer undefinierbaren trüben Flüssigkeit gefüllt, die sich als Beer Punch herausstellte. Sie winkte Max und ihren Freund zu sich. »Des is der uldimadif geilsde Kokdäil, den wo ich jemals drunkn hob! Willsd aa an, Max?«

»Geh ma weida mit dem Zeug. Bäh, sicher nicht. Schaut nach Kopfweh aus. Das Besäufnis gestern mit dir hat mir gereicht.« Angewidert verzog Max sein Gesicht und bestellte demonstrativ ein Helles beim Reini, der hinter dem Tresen stand und zapfte.

Fäustl wollte es ihm schon gleichtun, besann sich dann aber aufgrund seiner Diät eines Besseren und orderte ein Mineralwasser im Maßkrug.

»Ich bin echt stolz auf dich«, zollte Max ihm seinen Respekt.

»Ich will das durchziehen«, antwortete Fäustl.

»Da Fritz dringgd etzad nimma, wecha seina Diät«, setzte Evi ihre Mädels am Tisch in Kenntnis. »Überhaupts nimma, kaan Dropfn. Dodal eisan.« Sie winkte der Kellnerin. »Was habt's ihr denn für veggedarisches Fingerfood auf da Kaddn?«

»Gemüse-Mini-Burger, Tomaten-Bruschetta, Fischsemmel. Alles extra zum vegetarischen Karfreitagscocktail.«

»Flammkuchen aa?«

»Ja auch, den mit Speck und Frühlingszwiebeln.«

»Dann nehm ich den. Fritz du isst heud nix mehr, oda?«

Fäustl schüttelte den Kopf und nahm einen großen Schluck Mineralwasser. Während Evi weiter über seine tapfere Diät sprach und er dafür von den Anwesenden gehörig Applaus einsteckte, betrat ein Mann im grauen, legeren Anzug unbemerkt den Gastraum. Der Mann sah sich um, und als er denjenigen entdeckt hatte, nach dem er Ausschau gehalten hatte, steuerte er auf den äußersten Stehtisch zu. An dem stand ein Mann im Iron-Maiden-T-Shirt und Lederjacke. Mehrmals hob der Hereinkommende die Hand, um auf sich aufmerksam zu machen, aber es gelang ihm einfach nicht, die Aufmerksamkeit des Mannes zu erhalten. Rhythmisch nickte dieser zu »Sweet Caroline« mit dem Kopf. Der Anzugträger schob sich vorbei an Schinkes Freunden, die dessen Sangeskünsten weiter lauschten, und berührte den Mann in der Lederjacke an dessen Schulter. Er machte große Augen, als er den Neuankömmling erkannte.

»Leander, deine Frau hat verraten, dass ich dich hier finde. Dein Telefon ist aus«, sagte der Anzugträger.

»Ich hab frei. Lass mich in Ruhe mein Bier trinken. Meine zwei Spezln aus der Kanzlei kommen noch. B'stell dir auch was und chill mal, Joe.« Er wandte sich ab, aber der Anzugträger gab sich damit nicht zufrieden und griff nach dem Oberarm des Iron-Maiden-Fans.

Genervt rollte dieser mit den Augen, als er sich wieder umdrehte. »Was ist denn so dringend, dass du mir am Feiertag bis in den Keimkasten nachrennst, Paukenschlager?«

»Leander, du bist mein Anwalt. Ich brauch dich! Meine zwei Töchter sind verhaftet worden.«

»Was haben s' denn ang'stellt?«

»Drogen sollen sie im großen Stil verkauft haben.«

»Uuuuuu, ein gewerbsmäßiger Verstoß gegen Paragraf neunundzwanzig BtMG, das ist natürlich unschön. Um welche Substanzen handelt es sich denn, Joe?«

»Chrystal Meth.«

»Uuuuuu, gleich so heftig? Was ist aus dem guten alten Marihuana geworden? Wie lange ist seit dem Zugriff durch die Polizei vergangen? Waren sie schon beim Haftrichter?«

»Heute Vormittag. Keine Ahnung, ob sie schon beim Richter waren. Komm bitte mit.« Paukenschlager zog den Anwalt am Ärmel, der sich umgehend losriss.

»Hey, Paukenschlager. Lass mich wenigstens mein Bier noch austrinken. Wenn's um dich geht, muss alles sofort auf gleich passieren, aber wenn ich was brauch, dann dauert des bei dir immer ewig.«

»Ich geb dir alles, was du willst, aber bitte hol meine Mädels da raus.«

»Jetzt will ich erst mal mein Bier austrinken. Bevor sie nicht beim Haftrichter waren, kann ich eh nix unternehmen. Hol dir endlich a Helles.«

Die Musik schwoll an, und Schinke begann auf dem Nebentisch mit seiner Begleitung Schieber zu tanzen, was überhaupt nicht zum stampfenden Rhythmus passte. Seine

Anhänger applaudierten, und Paukenschlagers Worte gingen in einer Kakofonie menschlicher Laute unter. »Leander, wenn du … dann … echt nichts mit der Scheiße zu tun … ist … Drahtzieher … hatte es mir versprochen … wird nix mehr draus … muss es auf Eis legen.«

Der Anwalt nickte und leerte den Rest seines Bieres. »Wo sollen deine Töchter jetzt wohnen? Oder spekulierst du drauf, dass die JVA ihr neues Zuhause wird?« Er grinste verschmitzt, als hätte er mit dieser Bemerkung einen guten Witz gemacht.

Joe Paukenschlager wirkte aufgebracht und hob an, etwas darauf zu entgegnen. Im selben Moment erscholl ein ohrenbetäubender Krach, und Paukenschlager wurde umgerissen. Leander wich zurück. Biergläser splitterten und der ganze Raum starrte gebannt zu ihnen herüber. Schinke war mit seiner vollbusigen Begleitung umgekippt und hatte mehrere seiner Freunde und auch Paukenschlager zu Boden gerissen. Fluchend stand er auf und packte den verdatterten Schinke am Kragen. »Pass halt auf, du saudummes Arschloch«, brüllte er ihm ins Gesicht und zerrte ihn vom Boden weg.

Max und Fäustl drängten sich durch die vor Schreck regungslos gewordenen Zuschauer. Gerade noch rechtzeitig schaffte es Fäustl, seinen Körper zwischen Paukenschlager und Schinke zu schieben, denn der hatte bereits mit der Faust zum Schlag ausgeholt. »Stopp!«, hallte Fäustls Stimme über die Musik hinweg, und Paukenschlager fror in der Bewegung ein. »Jetzt beruhigen wir uns alle mal.«

Die Musik brach unvermittelt ab, und Reini schrie vom Tresen herunter: »Bei mir wird am Feiertag ned g'rafft. Wenn ihr euch eine aufs Maul hauen wollt, dann macht's des wann anders und woanders!«

Nun kam Bewegung in Leander, der seinem Mandanten beide Hände auf die Schultern legte und ihn Richtung Ausgang schob. »Reini, ich komme morgen zum Zahlen«, rief er dem Wirt mit angestrengtem Gesicht zu. Leander drückte Paukenschlager aus der Tür des Keimkastens, und der Wirt rief ihm nach: »Ois klar, Tattenbach.«

Fäustl lehnte seine Rückseite an die Bar, griff sich an die Brust und atmete laut aus. »Mannomann, mein Herz rast. Ich brauche einen Schnaps. Die Diät hat jetzt fünf Minuten Sonderpause.« Er bestellte beim Reini zwei Obstler. Einen schob er zu Max hinüber, der ihn tatsächlich annahm und zum Mund führte. »Auf das, was wir lieben«, sagte Fäustl. »Frieden, Gerechtigkeit und den TSV Kastl.«

»Die Frauen, die Liebe und den FC Bayern München«, ergänzte Max. Beide lachten und kippten den Klaren in sich hinein.

Aus dem Hintergrund näherte sich Evi. »Des is aba ned diätkonform.«

»Nach dem Tag brauch ma einfach was für die Nerven«, sagte Fäustl.

»Was war nacherd los?«

»Vorher Suizid in der Stiftskirche und jetzt eine verhinderte Prügelei.«

»Allmächdd, ihr Armen.« Evi tätschelte Fäustls rechte Pobacke.

Max kniff ein Auge zu, betrachtete das leere Schnapsglas und sah dann Fäustl fragend an. »Wir haben Benners Blut nicht auf Alkohol und anderes Zeugs untersuchen lassen. Brauchen wir in dieser Angelegenheit eigentlich ein chemisch-toxikologisches Gutachten? Was meinst?«

»Ja. Ich würde es an deiner Stelle in Auftrag geben. Ein Selbstmörder aus dem Drogenmilieu … Wir sollten nachschau'n lassen, was alles in seinem Blut schwimmt.«

»Dein Erfahrungsschatz ist bei solchen Sachen größer, Fritz. Soll die Spurensicherung auch noch genauer im Turm hinschau'n?«

»Naaa, Kramer. Manchmal darf einer auch einfach hi sei, oder? Ich bin überzeugt, dass der Benner der Verhaftung durch seinen Tod zuvorkommen wollte. Dahinter steckt ned viel.«

»Dein Wort in Gottes Gehörgang.«

EIN JAHR UND ACHT MONATE ZUVOR

Tagebucheintrag

Ich fühle mich total verwegen, als wäre ich Teil eines Hollywood-Blockbusters. Dass ich einmal Methamphetamin herstellen würde, habe ich nicht im Traum für möglich gehalten. Aber es funktioniert! Die Jungs im Krankenhaus helfen mir, und meine Sorge, wie wir es überhaupt verticken sollen, ist völlig unbegründet gewesen. Es gibt immer einen, der einen kennt, der einen kennt … Uns wird das Chrystal aus der Hand gerissen. Die Handwerker sind happy, dass ich sie bar bezahle. Unser Zuhause ist fertig. Die Raten bei der Bank werden pünktlich gezahlt.

IV. DA DU KOMMST, DIE WELT DURCH FEUER ZU RICHTEN

Auch das Wetter am Samstag zeigte sich von seiner besten Seite. Die Sonnenblende war dringend nötig. Am Abend zuvor hatte Max genügend Mineralwasser zwischen seinen Bieren getrunken, sodass der befürchtete Kater ausgeblieben war. Er blinzelte dem Pförtner zu, die Schranke hob sich und Max durfte bis zum Parkplatz der Rechtsmedizin durchfahren. Die Abteilung der Ludwig-Maximilians-Universität München gliederte sich in einen Neubau mit Flachdach und einen Altbau mit rotem Spitzdach im Areal an der Nußbaumstraße. Seine Termine fanden grundsätzlich im neueren Teil statt. Problemlos hatte er in der Früh noch den ersten Obduktionstermin des Tages um dreizehn Uhr ergattert. Dieses Ostern war, was Kapitalverbrechen anbelangte, Hochsaison. Seine Angst, dass die Rechtsmedizin der Universität auf Sparflamme laufen könnte, hatte sich nicht bewahrheitet. Die Dame, die die Termine am Telefon vergab, hatte Max versichert, dass sogar der Herr Professor höchstpersönlich im Haus wäre, ansonsten würden sich die Leichen schlussendlich über das gesamte Wochenende bis unter die Decke stapeln. Beim Aussteigen aus seinem Wagen spürte Max einen kühlen Windzug, der ihn daran erinnerte, dass der Sommer trotz der vielen Sonnenstunden im April noch nicht angebrochen war. Er beeilte sich abzuschließen, denn er war spät dran. Wieder einmal hatte er den Verkehr in der Münchner Innenstadt unterschätzt und den zeitlichen Vorsprung, den er auf der fertigen Autobahn vierundneunzig herausgefahren hatte, durch den typischen Stau von Ampel zu Ampel auf dem Altstadtring eingebüßt. Samstags während der Osterferien strömten Touristen und das ganze Umland nach München, sei es, um essen zu gehen oder die Ramschmeile zu besuchen. Alle Straßenränder entlang der Lindwurm- oder Goethestraße waren hoffnungslos zugeparkt. Er war heilfroh, dass der Pförtner des Klinikareals ihn inzwischen kannte und auch ohne offizielle Parkerlaubnis passieren ließ.

Die Rechtsmedizinerin, mit der er es am häufigsten in seinem Job zu tun bekam, hieß Dr. Maria Rupprecht. Ihr Büro befand sich im ersten Stock. Sie war eine sportliche, junge Ärztin, ungefähr im gleichen Alter wie er selbst, mit glänzenden braunen Haaren und grünen Augen, die er als »zum Dahinschmelzen« beschrieb. Max hatte sie als richtige Meisterin ihres Fachs kennengelernt. In dem ersten Jahr ihrer Zusammenarbeit hatte er sich stets auf ihren Befund und ihr sicheres Urteil verlassen können. Sie war sehr gewieft und äußerst schnell, wenn es um die Bestimmung von Todesursachen ging.

Vor dem Eingang der Rechtsmedizin schob er sich durch einen Pulk Studenten, von denen manche rauchten. Max kam es vor, als müsste er sich seinen Weg durch eine Nikotinwolke kämpfen. Kurzerhand hielt er die Luft an. Mediziner sollten eigentlich am besten wissen, wie schädlich jede einzelne Zigarette war. Aber wie überall kam es auch in diesem Berufsstand nicht selten zu Alkoholismus oder anderem Drogenmissbrauch, das wusste er aus seinem Berufsalltag. Jeder Mensch begegnete dem Stress auf unterschiedliche Art und Weise. Einige Studenten hielten aufgeschlagene Ordner und gebundene Skripte in ihren Händen. Max vermutete, dass er in einen verspäteten Prüfungstag geraten war. Ansonsten konnte er sich diese Ansammlung am Ostersamstag nicht erklären. Er betrat das Gebäude und ging zielgerichtet zum Gang vor dem Präparationssaal. Dort wollte Max Frau Dr. Rupprecht treffen. In ihr Büro, um vielleicht noch einen gemeinsamen Espresso zu trinken, konnten sie nach getaner Arbeit noch. Er setzte sich an der Seite des Korridors immer auf den gleichen Stuhl und starrte während der Wartezeit stoisch die gegenüberliegende Wand und den Kaffeeautomaten an. Er zählte alle Knöpfe und betrachtete die vielversprechenden Bilder von Heißgetränken. Dass eine neue Kaffeespezialität in der Auswahl auftauchte, war bisher nicht vorgekommen. Max verzog sein Gesicht und dachte an den abscheulichen Geschmack der Kreationen, die diesen elektrischen Kasten verließen, und plötzlich erschienen in seinem Kopf Benners Füße, die im Uhrwerk steckten.

Könnte er noch am Leben sein? Diese Frage stellte Max sich seit gestern unaufhörlich. Das Bild von Benners Beinen zwischen den großen Zahnrädern wurde in ihm dabei von Sekunde zu Sekunde größer. War Benner vor dem Zugriff der Kriminalpolizei durch eine undichte Stelle gewarnt worden, wie der Chef vermutete? Das war ein ungeheuerlicher Verdacht. Max fiel auf Anhieb niemand ein, dem er eine solche Schweinerei zutraute. Er würde für die Loyalität jedes einzelnen seiner Kollegen die Hand ins Feuer legen. Was aber wenn darunter ein heimlicher Kunde Benners war? Auch unter den Kriminalern gab es Drogenmissbrauch, wenn sie mit dem Stress nicht mehr fertig wurden, das wusste Max. Benners Gemeinschaft hatte, so der Chef, seit gut zwei Jahren Altötting und Umgebung mit Crystal Meth versorgt. Das K4, das deshalb ermittelte, war am Anfang davon ausgegangen, dass die Mengen an Crystal, die plötzlich im Landkreis aufgetaucht waren, aus Tschechien stammten. Doch dann rückte Benners alternatives Wohnprojekt ins Auge der Ermittler und damit auch die Vermutung, dass der ganze Dreck in der Nachbarschaft gekocht wurde.

Neben seinem braunen Herrenschuh tauchten unerwartet weiße Damenturnschuhe auf, an denen seitlich drei rote Streifen prangten. Rhythmisch klopften sie abwechselnd mit Spitze und Ferse auf den Boden.

»Hallo, hallo, Kommissar Kramer.«

Er erwachte aus seinen Gedankenspielen, hob den Kopf und sah in Dr. Rupprechts lächelndes Gesicht.

»Sie waren ja gerade ganz woanders. War's schön dort? Nicht einmal meine Steppeinlage hat Sie aus der Ruhe bringen können.«

Max spürte, dass es ihm die Schamesröte ins Gesicht trieb. »Verzeihung …«, stammelte er. »Der Fall … Stehen Sie schon länger da?«

»Na ja, so eine halbe Minute. Kommen Sie, ich habe mir die Leiche bereits angeschaut.«

Max folgte Dr. Rupprecht, die ihm die Tür zum Präparationssaal aufhielt. Drinnen herrschte geschäftiges

Treiben. Über den ganzen Raum waren in regelmäßigen Abständen Tische mit abgedeckten Leichen platziert, über die Ärzte, Assistenten und Präparatoren gebeugt arbeiteten.

Dr. Rupprecht presste ihren Zeigefinger auf die Lippen. »Wir dürfen nicht zu laut sein.«

Im rechten hinteren Teil standen mehrere Menschen in weißen Kitteln dicht gedrängt beisammen und eine ältere, männliche Stimme hallte durch den Raum. Zu wem diese gehörte, konnte Max nicht ausmachen. Er beobachtete den weißen Pulk und blieb an manchem Gesicht etwas länger haften. Waren das nicht die Raucher von vorhin?

»Prüfung?«, flüsterte er Dr. Rupprecht fragend zu, und diese nickte mehrmals. Sie näherte sich ihm und sprach betont leise: »Deswegen habe ich ohne Sie begonnen.« Während ihr Atem an seinem Ohr vorbeistrich, breitete sich auf Max' Oberschenkel eine Gänsehaut aus. »Und die meisten Punkte auf dem Obduktionsprotokoll schon abgehakt.« Das letzte T aspirierte sie derart, dass Max zusammenzuckte.

Oh, Mann! Das war echt intim. Max schnupperte ihr Parfüm, das herrlich frisch nach Zitronen duftete, und es erinnerte ihn an früher. »Ach, Vevi«, brach es plötzlich aus ihm heraus.

»Bitte?« Frau Dr. Rupprecht hob überrascht die Augenbrauen.

Ihm stockte der Atem. Es war einfach aus seinem Unterbewusstsein herausgesprudelt. »Nichts.« Mann, war das peinlich! Hoffentlich ging sie nicht weiter darauf ein.

»Sie haben doch gerade was gesagt, Kommissar.«

»Nein. Manchmal atme ich etwas lauter ein oder aus, das ist alles.« Er deutete auf seine Nase. »Verkrümmte Nasenscheidewand.«

»Ach so.« Frau Dr. Rupprecht verzichtete darauf, weiter nachzuhaken, obwohl ihre Gesichtszüge belegten, dass sie Max kein Wort glaubte. Sie zückte ihren Kugelschreiber und deutete auf den Kehlkopf der Leiche. »Zerquetscht«, sagte sie, um in diesem Moment aus dem Hintergrund von einem untersetzten, älteren Herrn mit Fliege, weißem Arztkittel und grauem Haarkranz unterbrochen zu werden. »Prof. Laurentius Wimmer« stand auf seinem Namenschild.

»Hier haben wir eine männliche Leiche. Frau Dr. Rupprecht hat sie bereits untersucht. Vermeintlicher Selbstmord. Frau Doktor, bitte geben Sie meinen Studenten eine kurze Einführung, was hier auf dem Präparationstisch vor uns liegt.«

Max fand sich ohne Vorwarnung umringt von einer großen Traube weißer Kittel, die sich dicht an ihn drängte, um einen guten Blick auf Benners Leichnam werfen zu können. Das war alles andere als angenehm. Er hatte das Gefühl, nicht mehr tief einatmen zu können, und bekam Platzangst.

»Der Tote ist in dem Uhrwerk einer Kirche entdeckt worden. Es deutet vieles darauf hin, dass er sich darüber an einem Balken erhängt hat und der Korpus, nachdem der Tod eingetreten war, in die Tiefe gestürzt ist. Die Spuren am Hals der Leiche weisen auf Strangulation als Todesursache hin«, begann Dr. Rupprecht und wurde vom Professor erneut unterbrochen, der mit seinem Finger auf eine blonde Studentin zeigte. »Frau Bonaventura, welche Arten von Strangulation gibt es?«

»Erhängen, Erdrosseln, Erwürgen«, kam es wie aus der Pistole geschossen.

»Und«, fuhr Professor Wimmer fort, »die Unterschiede sind, Constanze?«

Wieder antwortete die Studentin, ohne nachdenken zu müssen. »Beim Erhängen werden die Halsweichteile durch ein Werkzeug und das Eigengewicht des Körpers stranguliert, also eingeschnürt. Möglich ist auch ein Genickbruch in diesem Zusammenhang. Zweitens Erdrosseln: Hier wird das Strangulationswerkzeug durch die Kraft der Hände zusammengezogen. Drittens Erwürgen: Dies erfolgt allein durch die Kraft der Hände oder durch die der Armbeuge oder, wenn das Opfer am Boden liegt, auch durch den Fuß.«

Bei der letzten beschriebenen Todesart schauderte es Max. Es war schon lange her, dass er auf der Akademie davon gehört hatte. Im richtigen Leben war ihm so ein grausiger Mord noch nicht untergekommen. Sein oberflächlicher Atem beschleunigte sich, und er spielte kurz mit dem Gedanken, an die frische Luft zu flüchten, denn die Prüflinge standen immer noch dicht gedrängt um ihn herum.

Professor Wimmer nickte anerkennend und deutete auf einen sommersprossigen Rotschopf in seiner Nähe. »Und was hat jede Strangulationsform mit der anderen gemeinsam, Herr Radlbrunner?«

Auch dieser junge Mann brauchte für die Antwort nicht lange in seinem Gedächtnis zu kramen. »Durch Kompression des Halses wird die Blutzufuhr und vor allem der Rückfluss gedrosselt. Dadurch kann es zum Tod des Opfers kommen, wenn die Gewalteinwirkung nicht umgehend eingestellt wird.«

»Und woran erkennt man, um welche Strangulationsmethode es sich im Endeffekt handelt, Herr Radlbrunner?«

»An den unterschiedlichen Strangulationsfurchen an Hals, Nacken und Kehlkopf, Herr Professor.«

»Kehlkopf heißt auf Lateinisch wie?« Professor Wimmer sah sich um und blickte dann Max direkt in die Augen. »Warum tragen Sie eigentlich keinen Kittel?«

»Äh …« Max wusste nicht, was er darauf antworten sollte. Die Enge und dass er plötzlich angesprochen wurde, überforderten ihn sichtlich. »Äh … Latein«, stammelte Max hilflos. Hielt ihn Professor Wimmer etwa für einen seiner Studenten?

»Und schon hätten Sie bei ›Wer wird Millionär?‹ die Millionenfrage versemmelt«, lachte der Professor süffisant. »Larynx, Sie Analphabet.«

»Das ist Oberkommissar Kramer, Herr Professor«, sagte Frau Dr. Rupprecht.

»Oh.« Die Süffisanz des Professors wandelte sich in ein schambehaftetes Lächeln. »Wenn ich die Altersstruktur meiner Studenten so betrachte, hätte ich eigentlich draufkommen müssen. Sie sind doch schon ein paar Semester dem Studium entwachsen. Verzeihen Sie bitte, Herr Kommissar. Den Analphabeten nehme ich selbstverständlich zurück.« Er lachte wieder und die Studenten taten es ihm mit ein wenig Verzögerung gleich. »Frau Bonaventura, sehen Sie sich mal die Leiche an. Was fällt Ihnen auf, Constanze?«

Die Angesprochene schob sich an ihren Kommilitonen vorbei und beugte ihr Gesicht über Benners Kopf. »Wenn ein Verdacht der Gewalteinwirkung auf den Hals vorliegt, dann haben wir vor der Präparation der zugehörigen Weichteile eine Öffnung des Herzens vorzunehmen, um …«

Die Hand des Professors ging nach oben und signalisierte ihr, nicht weiterzusprechen. »Das haben Sie wunderbar aufgesagt, fast Wort für Wort wie aus dem Lehrbuch. Jetzt verlassen Sie sich einfach mal auf Ihr Gefühl. Wir können uns hier vielleicht viel Zeit sparen.«

Constanze Bonaventura kniff ein Auge zu und zog einen Bleistift aus ihrer Reverstasche. »Der Herr hat sich mit einer Schlinge erhängt, Herr Kommissar?«, fragte sie in gebückter Haltung, ohne Max dabei anzusehen.

»Ja, durch eine akkurat geschnürte Galgenschlinge«, bestätigte Max.

»Also«, kam sie wieder auf Benner zu sprechen, »müssen die Strangulationsfurchen in diesem Fall zum Nacken hin ansteigend verlaufen bis zu dem Punkt, an dem der Knoten oder das Ende der Schlinge aufgesessen ist.« Constanze fuhr mit dem Stift am gequetschten Kehlkopf des Toten entlang bis zu seinem Ohr. »Hier allerdings ziehen sich diese vor allem waagrecht um den Hals. Die leichten, aufsteigenden Furchen sind zu vernachlässigen. Ein Todeskampf in der Luft hängend kann somit keinesfalls stattgefunden haben. Lange wird er nicht am Seil gebaumelt sein.«

Professor Wimmer drehte sich zu Max. »Auf gut Bayerisch: Eana hamms a Leich hi'g'hängt, Herr Kommissär! Die Furche ist nicht mit einem Suizid in Einklang zu bringen. Den Herrn hier hat sein Mörder mit an Sicherheit grenzender Wahrscheinlichkeit erdrosselt, bevor er ihm die Schlinge umgelegt hat.« Professor Laurentius Wimmer grinste und verschränkte die Arme vor seinem Bauch. »Constanze, eins Komma null.«

*

Rund achtzig Kilometer östlich redete sich Fritz Fäustl zeitgleich in seinem Büro ein, dass Magenknurren ein schönes Gefühl war. Er hatte gestern nicht gesündigt, zum heutigen Frühstück nur einen Apfel gegessen und auf seine vormittägliche Leberkäseration von der Metzgerei am Mühldorfer Stadtplatz verzichtet. Evi hatte ihm für die Pause ein Vollkornbrot mit Frischkäse und Paprikasticks in eine Plastikbox gepackt. Eigentlich saß sie zwei Türen weiter, aber das nur von Montag bis Freitag. Sie war in der Verwaltung der Mühldorfer Polizeistation tätig und am Wochenende nicht im Dienst. Gemeinsam hatten sie für Samstag und Sonntag einen Radausflug nach Österreich geplant, aber den konnten sie sich wegen des Selbstmörders in der Stiftskirche nun in die Haare schmieren.

Lustlos schob Fäustl seine gesunde Brotzeit beiseite und lauschte auf den Gang, wann sich endlich der Vollzugsbeamte mit Benners Mitbewohnern nähern würde. Gestern hatte das K4 ihre Aussagen aufgenommen, und heute bekam er Zeit, sich ihre Sicht über Johannes Benner anzuhören, bevor sie dem Haftrichter vorgeführt wurden. Er merkte, dass er von Sekunde zu Sekunde ungeduldiger wurde, und schob das auf den Unterzucker in seinem Blut. Fäustl hatte so großen Hunger, dass er am liebsten ein halbes Spanferkel auf Toast verschlungen hätte. Kurz entschlossen griff er nach dem vorher verschmähten Frischkäsevollkornbrot und biss hinein. Gar nicht schlecht, dachte er und wagte sofort einen weiteren Bissen. Wirklich nicht übel. Er kaute und kaute und versuchte auszumachen, an was ihn der Geschmack erinnerte. Vorzüglich. Fäustl wusste, dass er sich damit selbst belog. Die von Evi liebevoll beschmierten dunklen Scheiben schmeckten nach Pappe. Eigentlich wollte er Evi für ihre Mühen dankbar sein, aber in diesem Augenblick klappte das nicht recht. Wenn er diese Diät durchhalten wollte, musste er auf etwas anderes als Vollkornbrot mit Frischkäse umschwenken. Fäustl drehte sich mit seinem Bürostuhl zum Fenster, sodass er mit dem Rücken zur Tür saß. Ratlos blickte er auf das angebissene Brot in seinen Händen. Zum Wegschmeißen war es eigentlich zu schade. Aber es beobachtete ihn ja keiner. Ohne weiter darüber nachzudenken, landete das Vollkornbrot im Papierkorb. Krümel und Körner steckten zwischen seinen Zähnen und übten einen unangenehmen Druck auf die Mundschleimhaut aus. Pfui Teufel! So lieb das auch von der Evi gemeint war, das ging gar nicht. Wann würde endlich die Leberkäsesemmel ohne Kalorien erfunden werden? Eine Weltsensation, die das Diätgeschäft revolutionieren würde.

In diesem Augenblick kitzelte es ihn an seiner Brustwarze. Sein Telefon vibrierte in der Reverstasche. Als er es herauszog, sah Fäustl Max' Namen auf dem Display leuchten. Er drückte umgehend auf »Annehmen«.

»Sersn, Kramer!«

»Fritz, ich grüße dich.«

»Schieß los. Gibt's schon erste Ergebnisse aus München?«

»Der Benner ist uns hi'g'hängt worden.«

Fäustl war wie überfahren. Damit hatte er nicht gerechnet. Er hatte den Suizid Benners bisher nicht infrage gestellt. »Allen Ernstes? Mord?«

»Japp.«

»Wow.« Fäustl musste schlucken. »Soll ich mit der Befragung seiner Freunde warten, bis du wieder da bist?«

»Nein, fang sofort damit an. So viel Zeit haben wir dann auch wieder nicht. Lote mal deren Verhältnis untereinander aus und sag nicht, dass wir wissen, dass es kein Suizid gewesen ist. Einer von denen ist sicher der Täter, da verwette ich meinen Arsch drauf. Ich stoß dazu, sobald ich fertig bin. Den Chef und die Staatsanwältin ruf ich gleich an. Wir brauchen von der Spusi den ganzen Reibach! Also noch mal Turm, Umgebung, Abfalleimer. Die können sich ihr ruhiges Wochenende jetzt auch abschminken. Bis gleich.« Es klickte und die Verbindung war beendet.

Das war eine Information, die alles auf den Kopf stellte. Vermutlich saß Benners Mörder schon bei ihnen in der Polizeistation. Fäustl holte mit einem Bein Schwung und begann mit seinem Stuhl Karussell zu fahren, während er sein Handy in die Brusttasche zurückgleiten ließ. Als er zur Tür blickte, stoppte er umgehend. Die neue Leiterin des K4 stand dort mit verschränkten Armen. Sie musste ihn die ganze Zeit über beobachtet haben.

»Haben Sie mich nicht reinkommen hören, Fäustl?«, fragte sie verwundert.

Zaghaft schüttelte er seinen Kopf.

»Ich wollte Sie nicht erschrecken«, sagte die Leiterin.

Fieberhaft überlegte Fäustl, wie der Name der Hauptkommissarin war, denn er hatte mit ihr bisher nicht viel zu tun gehabt, und wenn doch, hatte er sie mit ihrem Dienstgrad angesprochen.

»Sie können sich vorstellen, dass ich wegen des Chrystal-Meth-Falls hier bin. Da haben wir durch den Suizid des Apothekers ja eine Menge Probleme. Ich bin von Ihrem Gespräch eben unfreiwillig Zeuge geworden, aber gehe ich recht in der Annahme, dass der Selbstmord unseres Hauptverdächtigen in diesem Fall gar keiner war?«

Fäustl nickte stumm und ging alle möglichen Namen im Kopf durch, die irgendwie zur Hauptkommissarin passen könnten, bis ihm der Name endlich wieder einfiel – Anna Veit. »Frau Hauptkommissarin Veit, ich hatte eben meinen Kollegen Kramer am Telefon, der mich direkt nach der Obduktion von Herrn Benner angerufen hat. Laut der Rechtsmedizin ist Benner bereits tot gewesen, als er aufgeknüpft wurde.«

»Da hat uns wieder einer eine Leiche hingehängt! Jetzt wird der ganze Fall noch komplizierter. Mein Bauchgefühl schreit förmlich danach, dass die Drogen mit dem Motiv für diesen Mord zusammenhängen. Oder was denken Sie?«

»Höchstwahrscheinlich.«

»Ich wollte Sie eigentlich nur über unsere stattgefundenen Befragungen der alternativen Wohngruppe in Kenntnis setzen, bevor Sie Ihre Chance dazu bekommen. Wegen der neuen Sachlage halte ich es allerdings für ratsam, wenn ich nun mit anwesend bin. Der Vater von zwei der Damen hat außerdem einen Anwalt beauftragt, und Kunfter hat den Termin mit dem Haftrichter auf sechzehn Uhr dreißig festgezurrt. Wir haben Glück, denn der Jour-Dienst über die Feiertage sitzt diesmal beim Amtsgericht Mühldorf. Sie können sich die Fahrt nach Traunstein also sparen.«

»Der Kramer hat am Telefon darauf hingewiesen, dass wir vom Mord am Benner seinen Kumpanen nix erzählen sollen.«

»So? Halten Sie das auch für klug, Fäustl?«

»Ich will zuerst wissen, wie deren Verhältnis untereinander ist.«

»Das haben meine Leute bereits alles in den Akten. Jetzt heißt es, keine Zeit mehr zu verlieren.«

»Stimmt schon …«

»Sie sollten alle mit der Nachricht konfrontieren, dass ihr Drogenguru ermordet worden ist.«

»Wissen die überhaupt schon, dass er hin ist?«

»Ja, den Suizid haben wir in den Befragungen durchblicken lassen. Denen ist schließlich aufgefallen, dass einer fehlt. So waren alle in der richtigen Stimmung, und die haben gesungen wie die Nachtigallen.«

»Und alle waren sich einig, dass der Benner der Haupttäter ist und sie damit gar nix zu tun haben, oder?« Fäustl wurde wütend.

»Polizeihauptmeister Fäustl, auch wenn ich bei Weitem nicht so lange im Geschäft bin wie Sie, weiß ich selbst am besten, wie man strategisch in einer Befragung vorgeht.«

»Verzeihen Sie, Frau Hauptkommissarin, aber ich wäre anders vorgegangen.«

»So? Warum? Ich kann Ihnen schon mal prophezeien, dass sich der Haftrichter bei der Hälfte der Festgenommenen garantiert nicht zu einer Unterbringung in der JVA hinreißen lässt. Die Staatsanwältin und ich sind inzwischen überzeugt davon, dass sich das Drogengeschäft konkret nur auf drei Personen konzentriert. Ich hole mir mal einen Kaffee. Bis gleich, Herr Polizeihauptmeister.«

»Frau Hauptkommissarin, ich möchte bitte Kommissar Kramers Wunsch respektieren, die Leute noch nicht über den Mord zu informieren und sie im Glauben lassen, dass es sich bei Herrn Benner um einen Selbstmord handelt.«

»Darüber können wir uns ja später unterhalten. Meine Meinung dazu kennen Sie. Und was sollen wir eigentlich dann deren Anwalt erzählen? Es handelt sich in ihrem Fall um eine harmlose Befragung oder halten Sie einen der Mitbewohner für verdächtig?«

»Das wird sich zeigen.«

Anna Veit drehte sich grußlos um und schloss die Tür zu Fäustls Büro.

»Blöde Ziege«, nuschelte Fäustl in sich hinein.

*

Als Max auflegte, griff er zu seiner Espressotasse, die ihm Dr. Rupprechts Sekretärin angeboten hatte. Die Zeit drängte. Er musste zurück nach Mühldorf, doch eine Einladung auf einen schnellen Kaffee konnte er nicht ablehnen. Das wäre unhöflich.

Die Ärztin saß ihm gegenüber am Schreibtisch. »Haben Sie mich zufällig vorher mit dem Namen einer Verflossenen angesprochen, Kommissar?«

Max prustete in seine Tasse. Oh Mann! Irgendwann musste das ja doch noch zur Sprache kommen. An Dr. Rupprechts Tonfall erkannte er allerdings, dass sie ihm wegen des Vorfalls nicht böse war.

»Nein, nein«, flunkerte Max. »Ich habe wirklich keinen Mucks von mir gegeben, als Sie mich auf die Prüfungssituation aufmerksam gemacht haben.« Dass ihm vorher dieses verdammte »Vevi« entglitten war, war ein Fauxpas schlimmster Art, für den er sich nach wie vor in Grund und Boden schämte. So hatte tatsächlich seine Ex geheißen, bevor sie ins Altöttinger Nonnenkloster eingetreten war und seither auf ihren vollen Taufnamen Maria Evita bestand.

Frau Dr. Rupprecht blickte ihm tief in die Augen. Sie war genau der Typ, in dessen Anwesenheit er grundsätzlich zum stammelnden Idioten mutierte. Sie saß kerzengerade auf ihrem Bürostuhl und hob die im Schoß gefalteten Hände nur ab und zu, um an ihrem Espresso zu nippen. Angeblich war sie auf einem Bauernhof im bayerischen Oberland aufgewachsen, aber gerade hatte sie die Haltung einer höheren Tochter eingenommen, für die Disziplin das A und O war. Durch das gekippte Fenster hörten sie unten die Studenten das Gebäude verlassen. Die Wortfetzen, die zu ihnen in den ersten Stock drangen, hatten alle mit der vorangegangenen Prüfung bei Professor Wimmer zu tun.

»Wollen wir das mal so stehen lassen.« Sie schmunzelte, und Max traf ihr verschmitztes Lächeln genau ins Herz. Noch einmal führte sie die Tasse zum Mund, ohne ihn dabei aus den Augen zu lassen. Er sollte sie einfach, um ein Date bitte. Auch wenn er glaubte, dass sie mit einem jungen Assistenzarzt aus der Toxikologie verbandelt war. Er hatte beide gemeinsam im Präparationssaal erlebt. Max war fest überzeugt, dass zwischen ihnen etwas lief. Trotzdem … mehr als Nein sagen konnte sie nicht. Er räusperte sich.

»Frau Dr. Rupprecht, ich würde gerne …«, seine Finger klimperten auf seinem Oberschenkel, »noch ein komplettes chemisch-toxikologisches Gutachten veranlassen. Wie der Fall liegt, ist nicht auszuschließen, dass Drogen im Spiel waren.« Mist! Max hatte wieder gekniffen. Am liebsten hätte er sich selbst dafür geohrfeigt. Warum war es so schwer, ein »Ich würde gerne mit Ihnen etwas trinken gehen« über die Lippen zu bekommen? In solchen Dingen blieb er ein Feigling.

Frau Dr. Rupprecht nickte und fuhr sich mit der linken Hand durch ihre schimmernden Haare. Plötzlich stach Max ein Detail ins Auge, das er bisher an der Ärztin übersehen hatte. An ihrem Ringfinger funkelte ein mattsilbrig-glänzender Ring mit Stein. Einem großen Stein. Einem zu großen Stein, als dass man sich diesen selbst kaufte. Er war wie vom Donner gerührt und mühte sich ab, das größte Lächeln aufzusetzen, zu dem er im Moment fähig war. »Entschuldigen Sie meine Indiskretion, aber sind Sie verlobt?«

Frau Dr. Rupprecht hielt ihre Hand weit von sich, um den überdimensionalen Klunker im hereinfallenden Tageslicht zu betrachten. »Ihnen entgeht aber auch nichts. Sie sind gut im Kombinieren, Kommissar. Ich glaube, Sie haben Dr. Birlbauer aus der Toxikologie kennengelernt, als Sie wegen der alten Frau hier waren, die aus dem Altöttinger Klosterfenster gestürzt ist.«

Stimmt. Max erinnerte sich an den Assi und heuchelte weiterhin gute Laune. »Herzlichen Glückwunsch, das war ein sehr sympathisches Zusammentreffen damals.«

»Wir wollen im Spätsommer am Tegernsee heiraten.«

»Dort ist es zu jeder Jahreszeit schön.« Max fand dieses Small-Talk-Geplänkel, zu dem er sich hinreißen ließ, richtig ätzend, aber ihm fiel nichts Besseres ein, um seine Enttäuschung zu überspielen. »Ist schon ein paar Monate her, dass ich am Tegernsee beim Wandern gewesen bin. Also, wegen des toxikologischen Befundes ...«

»Ja, da wollte ich Sie eh noch fragen, welche Substanzen Sie im Verdacht haben, die wir im Blut des Verstorbenen finden könnten.«

»Crystal Meth und dann natürlich das Klassische: Alkohol und Tranquilizer. Vielleicht ist das Opfer ja betäubt worden, bevor ihn sein Mörder erdrosselte.«

Die Ärztin fuhr mit ihrem Stuhl zurück, bückte sich und zog ein Formblatt aus der Schublade ihres Schreibtisches, auf dem sie alles notierte.

»Wird das Ergebnis lange auf sich warten lassen?«

»Nicht, wenn ich meine Kontakte spielen lasse«, lachte Dr. Rupprecht.

*

Fäustl hörte die Schritte von mehreren Personen durch den Gang hallen, aber keine dazugehörigen Stimmen. Kollegen unterhielten sich miteinander, Inhaftierte schwiegen. Das mussten sie sein. Vor ihm lag eine ausgedruckte Liste mit allen Bewohnern des Gehöfts, in dem auch Benner gelebt hatte. Anna Veit hatte ihm am Computer den Zugangscode für die laufenden Ermittlungen genannt und einen Ordner vorgelegt, der Informationen zu Personen und Lage der beobachteten Immobilie enthielt. Es handelte sich um zwei alte Bauernhäuser, von denen jedes in zwei Wohnungen aufgeteilt war. In diesen vier Wohnungen lebten zusammen acht Menschen: der tote Johannes Benner, die Paukenschlager-Schwestern Ronja und Niki, die Dube-Brüder Dirk und Noah, Florian Wortmann sowie eine Elisabeth Cortello und Gregor Pepkowski. Bis auf Wortmann hatten alle entweder Student oder Azubi als Berufsbezeichnungen angegeben. Wortmann war bildender Künstler und Audio Engineer, was immer das bedeutete. Als Schöpfer von übergroßen Metallskulpturen aus Schrott war er Fäustl allerdings ein Begriff. Die drei Frauen der Gemeinschaft und dieser Pepkowski studierten, während die Dube-Brüder im Kreisklinikum ihre Ausbildung machten. Dass sich beinahe alle noch in der Ausbildung befanden, ließ ihn stutzig werden. Woher hatten Studenten und Azubis so viel Geld, zwei Häuser zu unterhalten? In nächster Nähe fiel Fäustl keine Stadt ein, zu der man wegen des Studiums täglich hin- und herpendeln konnte. Wobei … ach na ja, vielleicht nach Rosenheim. Das war aber auch ganz schön mühsam. Gut, München funktionierte mit dem Zug natürlich, war aber umständlich. Ganz schlüssig war seine Überlegung nicht. Diesen Punkt wollte er sich erläutern lassen. Drogen brachten ja eine Menge Geld ein, und beim

Finanziellen lag für ihn das greifbarste Motiv für weitere Straftaten.

Hauptkommissarin Veit betrat mit drei Frauen und einem Mann in Lederjacke das Büro. »Polizeihauptmeister Fäustl, das sind Ronja und Niki Paukenschlager und Elisabeth Cortello«, stellte sie die Hereinkommenden vor, während diese schweigend auf drei bereitgestellten Stühlen Platz nahmen. Der Mann stellte sich hingegen selbst als ihr Rechtsbeistand Leander Tattenbach vor, reichte Fäustl die Hand und postierte sich anschließend in der Ecke hinter seinen Mandantinnen. Niki Paukenschlager saß in der Mitte und wurde von ihrer Schwester und Elisabeth Cortello eingerahmt. Anna Veit schritt auf die andere Seite, um ihnen ins Gesicht schauen zu können, und blieb dabei in Fäustls Rücken stehen. Das Büro war nun bis auf den letzten Platz gefüllt.

Ronja und Niki wirkten am Boden zerstört. Wie zwei Menschen, die komplett von Trauer erfüllt waren. Elisabeth Cortello war eine schwarzhaarige Schönheit, die ihre Mähne zu einem großen Dutt gebändigt hatte.

»Guten Tag, wie fühlen Sie sich?«, eröffnete Fäustl das Gespräch.

Ronjas Blick blieb nach unten gerichtet. Leise sagte sie: »Ganz okay.« Niki schluchzte mit verquollenen Augen auf und vergrub ihr Gesicht in den Händen. Cortello hingegen wirkte auffällig teilnahmslos.

Fäustl reichte ihnen einen Packung Papiertaschentücher über den Tisch, die er aus einer Schublade gezogen hatte. »Jetzt beruhigen Sie sich erst mal.« Seine Stimme klang weich, und er wollte bewusst die Situation entspannen. Elisabeth Cortello zog ein Tuch aus der Verpackung und hielt es für Niki griffbereit, die weiter regungslos in ihrer Pose verharrte. Hinter sich bemerkte Fäustl, dass Anna Veit unruhig wurde. »Es kann sein, dass Sie noch einmal Dinge wiederholen müssen, die Sie gestern bereits zu Protokoll gegeben haben, aber hier ermittelt ein anderes Kommissariat wegen des Mordes an Johannes Benner.«

Mist! Die Hauptkommissarin wollte seine Bitte einfach nicht erfüllen. Bei dem Wort »Mord« wurden die drei Befragten hellhörig und richteten sich um ein paar Zentimeter auf.

Niki Paukenschlager fand ihre Stimme wieder. »Wie soll ich das verstehen?« Stoisch starrte sie die Ermittler an. Auch die anderen beiden schienen in ihrer Bewegung eingefroren zu sein. Diese Nachricht ließ Niki, Ronja und Elisabeth nicht tiefer in ihre Trauer abgleiten. Sie wirkten sogar weniger niedergeschlagen als noch zu Beginn. Fäustl notierte sich als Reaktion der Befragten: »konzentrierte Ruhe«. Seine Finger zitterten. Innerlich begann er, wegen der Äußerung seiner Kollegin zu kochen.

»Ihr Mitbewohner ist ermordet worden«, sagte Anna Veit bestimmt, und Fäustl nickte widerwillig. Dieses Vorpreschen der Veit fand er, gelinde gesagt, verstörend. Das war überhaupt nicht die Strategie, die er oder Max befürworteten. Er seufzte und warf einen kurzen Blick in seinen Computer auf das Protokoll des Zugriffs am Altöttinger Kapellplatz. Seine Wut auf Anna Veit wuchs. Es half nichts, er musste sich beruhigen, wenn er hier einen ordentlichen Job abliefern wollte. »Wann ist Ihnen aufgefallen, dass der Benner fehlt?«

»Sie müssen dazu nichts sagen«, mischte sich Tattenbach ein, doch Ronja wehrte ab und gab ihm durch ein Zeichen zu verstehen, dass es für sie in Ordnung war. Die drei Frauen verständigten sich stumm, wer von ihnen zuerst antworten wollte.

»Mir ist es gar nicht aufgefallen«, sagte Elisabeth Cortello schließlich. »Erst hier, als es mir mitgeteilt worden ist.«

Ronja war als Nächste bereit, etwas zu sagen. »Es war ja ein Kommen und Gehen. Wir sind nicht immer alle beisammen gewesen gestern Vormittag. Manchmal hat sich eine Diskussion mit einem Passanten ergeben.«

»Und ich bin zum Beispiel längere Zeit Kaffee holen gewesen«, fügte Cortello hinzu.

Fäustl suchte die Aufnahme-App auf seinem Telefon. »Ist es in Ordnung für Sie, wenn ich mitschneide?« Die drei gegenüber nickten. »Wann haben Sie das Opfer Johannes Benner zum letzten Mal lebend gesehen?«

»Acht oder neun Uhr gestern am Karfreitag, als wir mit dem Aufbau unseres Infostandes fertig waren«, gab Elisabeth zu Protokoll. »Dann bin ich schnell zu meinen Eltern rüber und habe für jeden einen Cappuccino aus unserem Café mitgebracht.«

»Und dann?«, hakte Fäustl nach.

»Mir ist aufgefallen, dass nicht alle von uns ihren bestellten Kaffee getrunken haben, obwohl vorher jeder unbedingt einen wollte. Drei Mehrwegbecher sind bis mittags weiterhin in dieser Tragehilfe gesteckt, die ich bei uns auf den Infostand gestellt hatte. Das hat mich auch bis zum Schluss echt geärgert. Ich hasse diese Lebensmittelverschwendung. Mir ist jetzt klar, dass Johannes keinen mehr trinken konnte.«

EIN JAHR UND DREI MONATE ZUVOR

Tagebucheintrag

Ich bin immer noch total geschockt. Irgendwie fühlt es sich an, als hätte sich der Schreck in meinem Körper festgesetzt, es wird zwar leichter, kann aber nicht ganz verschwinden. Fast hätte mich heute Morgen einer unserer Lagerristen in der alten Apotheke entdeckt. Ich muss schneller arbeiten und aufpassen, nicht mit ihren Arbeitszeiten zu kollidieren. Dirk war eingepennt. So ein Depp! Flo hat ihn sich zur Brust genommen. Ich glaube, er war selbst von seiner Kraft überrascht.

V. ZITTERN BEFÄLLT MICH UND ANGST

Das Bayerische Voralpenland zwischen München und Altötting, durch das sich die Autobahn vierundneunzig über unzählige Brücken schlängelte, war eine pittoreske Ansammlung von kleinen Dörfern, Kirchen mit Zwiebeltürmen und Industriegebieten. Ein Postkartenmotiv nach dem anderen zog an Max vorbei, nur unterbrochen von einem Autohof oder dem Auslieferungslager einer Supermarktkette. Von Hügel zu Hügel ließ er seinen Blick gleiten, denn der Verkehr Richtung Altötting hielt sich in Grenzen und erforderte keine explizite Aufmerksamkeit von ihm.

Max musste Fäustl Bescheid geben, dass er in der nächsten halben Stunde im Büro der Kriminalpolizeistation aufschlagen würde. Am Lenkrad drehte er deshalb mit seinem Daumen an einem kleinen Rädchen, das die Verbindung zur eingebauten Freisprechanlage darstellte. Auf dem Display seines Armaturenbretts wurden ihm alle Namen und die dazugehörigen Nummern in der Reihenfolge ihrer letzten Anrufe angezeigt. Ein kurzer Blick genügte und Max schlug verärgert auf das Lenkrad ein. »Zefix noch amal!« Er hatte Maria Evita seit gestern nicht zurückgerufen. Jetzt war sie garantiert erst recht sauer auf ihn, aber dieser Fall und der vegetarische Karfreitagscocktail hatten ihn so in Beschlag genommen, dass er es schlichtweg vergessen hatte.

»Peinlich«, schimpfte er. Nach zweimaligem Drücken wählte sein Handy automatisch die Nummer des Devotionalienhandels Unterprammer und ein elektronisches Tuten erfüllte den Fahrerraum. Max hoffte, dass Maria Evita und nicht ihre Tante abheben würde, und bemerkte dabei, dass er tatsächlich nervös wurde, wie Maria Evitas Reaktion auf seinen jetzigen Anruf ausfallen würde.

»Unterprammer Devotionalien.« Das war eindeutig ihr Tonfall.

»Riesengroße Entschuldigung«, sagte Max, doch es folgte nur Stille. Er vergewisserte sich, dass sein Telefon vollen Empfang hatte und auch das Akkusignal genügend Saft anzeigte. »Sorry. Manchmal bin ich wirklich unaufmerksam.« In der Leitung herrschte weiterhin eisiges Schweigen. »Bist du noch dran?«

»Ja, du Vollpfosten! Du hast so viel Anstand wie fünf Meter Feldweg.«

»Ich fasse das jetzt mal als Kompliment auf.« Max hoffte inständig, dass er durch etwas Humor die Situation entspannen konnte. »Bitte sei mir nicht böse. Ich verstehe echt, dass du auf mich sauer bist, aber ich habe schon wieder einen Mord. Schön langsam habe ich das Gefühl, dass Altötting mit Leichen gepflastert ist.«

»Oh.«

»Ja, deshalb war ich gerade in München wegen einer Autopsie. Bitte verzeih mir, dass ich gestern nicht für dich da war.«

»Eigentlich hatte ich mir geschworen, hart zu bleiben und deinen Arbeitsjoker diesmal nicht gelten zu lassen. Aber ich kann einfach nicht lange böse sein.« Ihre Stimme klang milder als zu Beginn.

»Puh.« Max war erleichtert.

»Maxl, ich bin nicht mehr sauer auf dich.«

»Gott sei Dank. Was ist bei dir im Kloster genau passiert?«

»Das erzähle ich gerne persönlich. Du kannst bei meiner Tante immer vorbeikommen. Diesmal darfst du auch zu jeder Tages- und Nachtzeit die Haustür benutzen und klingeln, wir sind schließlich keine sechzehn mehr.«

»Dein Rauswurf hat anscheinend nur Vorteile für mich. Ich brauche nicht mehr über die Klostermauer zu klettern, muss keine Schoki mehr reinschmuggeln und die Uhrzeit meines Besuchs darf ich auch noch selbst wählen. So etwas wie mich nennt man einen glücklichen Mann.«

Maria Evita entglitt ein tiefer Seufzer. »Aber ich bin weit davon entfernt, eine glückliche Frau zu sein. Meine Situation fühlt sich nicht real an. Dass ich nicht mehr in meiner Zelle im Nonnenkloster lebe, ist bei mir noch nicht ganz angekommen. Das wird dauern.«

»Ist das wirklich endgültig?«

»Darauf habe ich keine Antwort.«

»Nimm dir Zeit, alles zu verarbeiten, und am Ende wird alles gut. Und wenn es noch nicht gut ist …«

»Ist es noch nicht das Ende. Ich würde deinen Worten gerne Glauben schenken.«

»Vertrau mir, und das nächste Mal, wenn du wieder

aus einem Kloster rausgeschmissen wirst, werde ich dich umgehend zurückrufen. Versprochen!«

»Gut, ich vertrau dir.«

In der Leitung wurde es wieder ungewöhnlich lange still, dass Max schon dachte, in ein Funkloch geraten zu sein.

»Ich hab da eine Frage, die mir seit gestern auf den Nägeln brennt«, hörte er plötzlich wieder Maria Evitas Stimme.

»Schieß los.«

»Warum haben deine Kollegen eigentlich die Paukenschlager-Schwestern verhaftet?«

»Woher weißt du denn das schon wieder?«

»Fräulein Schosi geht damit in der Stadt hausieren und behauptet, es liegt an irgendwelchen Ostereiern, die am Karfreitag verteilt wurden. Also warum wirklich?«

»Darf ich nicht drüber reden.«

»Sonst ist dir die berufliche Schweigepflicht in meiner Gegenwart doch auch wurscht.«

»Aber diesmal nicht. Anderes Thema bitte.«

»Die Paukenschlagers sind mir gestern am Kapellplatz in der Früh über den Weg gelaufen.«

»Bitte, Vevi, ich darf echt zu laufenden Geschichten kein Wort mehr verlieren. Wenn das der Chef erfährt, ist Teufels Küche ein Erholungsort für mich.«

Maria Evita wurde lauter. »Du brauchst dazu nix sagen, aber ich denke, dass dich meine Geschichte dazu vielleicht interessieren wird.« Sie erzählte Wort für Wort von der Auseinandersetzung am gestrigen Morgen, von welcher sie unfreiwillig Zeugin geworden war. »Zuerst treffe ich die Paukenschlager-Schwestern und dann höre ich ein paar Meter weiter diese komischen drei Namen. Ein Johannes wird von einem Thaddäus bedroht, weil ihm ein Noah getextet hat, wo er zu finden sei. Dieser Thaddäus will irgendwas vom Johannes kaufen, was dieser strikt ablehnt. Außerdem schuldet ihm Thaddäus immer noch Kohle.«

»Da bist du dir sicher?«

»Zu hundert Prozent! Zwei Jünger und der Erbauer der Arche auf dem Altöttinger Kapellplatz klingt zwar nach einem Traum, aber ich weiß, was ich gehört und beobachtet habe.«

»Bitte komm auf der Kriminalpolizeistation vorbei. Wir brauchen deine offizielle Aussage in dem Fall. Ich meld mich, wann es vom Zeitpunkt her am besten ist, und mir tut es leid, aber ich muss dich wieder abwürgen. Es könnte sein, dass du uns gerade einen entscheidenden Hinweis geliefert hast. Bussi, bis später.«

Die beiden verabschiedeten sich und Max drückte einen Knopf, um die Verbindung zu beenden.

*

»Ich entnehme den Akten, dass Sie beide Psychologie studieren, Frau Cortello und Frau Paukenschlager. Wo?« Damit meinte er Ronja.

»An der Fernuniversität«, antwortete diese, und Elisabeth schloss sich mit einem Nicken an.

Fäustl wandte sich an Niki. »Trifft das auch auf Ihr Studium der Ökotrophologie zu?«

»Nein, ich bin in Weihenstephan.«

»Pendeln Sie?«

»Ja, ab und an, vieles geht auch inzwischen von zu Hause.«

»Das heißt, dass Sie alle drei die meiste Zeit des Jahres in Altötting verbringen?«

»Ja«, sagten die Angesprochenen fast gleichzeitig.

»Wer teilt sich denn mit wem eine Wohnung?«

»Wir zu dritt«, gab Ronja bereitwillig Auskunft.

»Und die anderen?«

»Noah und Dirk sind in einer Wohnung, Gregor wohnt meistens allein und …« Da Ronjas Stimme in diesem Moment versagte, sprang ihre Schwester für sie ein. »Johannes hat mit Flo zusammengelebt.« Niki streckte nach links und rechts ihre Hände aus und griff nach ihrer Schwester und ihrer Freundin Elisabeth. Die jungen Frauen gaben ein Bild ab, das vermutlich sagen sollte: »Wir stehen das hier gemeinsam durch.«

»Woher und wie lange kennen Sie sich schon?«, fragte Anna Veit hinter Fäustls Rücken.

Das wäre sein nächster Punkt gewesen, aber die Hauptkommissarin war ihm zuvorgekommen. Fäustl biss krampfhaft seine Zähne zusammen.

»Schwer zu sagen. Schon immer«, sagte Niki. »Wir sind von Kindheit an befreundet.«

Elisabeth ergriff das Wort. »Meine Eltern haben ja eine Eisdiele am Kapellplatz. Da kennt man jeden und natürlich alle Kinder aus der Nachbarschaft. Noah, Dirk und Gregor kennen Johannes aus dem Krankenhaus, und Flo ist sein Kindergartenkumpel.«

Fäustl spürte, wie sein Handy sich in seiner Brusttasche bemerkbar machte. Er warf einen Blick darauf und las Max' Namen. »Entschuldigen Sie mich bitte.«

Fäustl stand auf und verließ sein Büro, während er das Gespräch annahm. »Ja?«

»Das haut dich jetzt um.«

»Was is passiert?«

»Maria Evita hat gestern in der Früh beobachtet, wie ein Johannes eine Auseinandersetzung mit einem gewissen Thaddäus hatte.«

»Dem Metzger?«

»Dass du wieder jeden Leberkäsfabrikanten in der Umgebung kennst, war ja klar.« Max lachte so laut, dass Fäustl sein Telefon ein paar Zentimeter vom Ohr weghalten musste. »Wir haben in der Gegend allen Ernstes einen Metzger, der Thaddäus heißt?«

»Nein, Metzger ist sein Familienname. Der ist mein Steuerberater.«

»Whaaaat?«

»Ja, wenn ich's dir doch sag. Heftig, dass er und der Benner …«

»Fritz, kennst du noch einen anderen Thaddäus? Nicht, dass wir hier über den Falschen sprechen. Ich hab noch nie im ganzen Leben jemanden getroffen, der so geheißen hat.«

»Des wird der schon sein, Kramer. Ich mach mal kurz eine Abfrage im System. Würde mich aber echt wundern, wenn wir im Landkreis noch einen zweiten hätten.«

»Maria Evita hat erzählt, dass er zu diesem Johannes gesagt hat, Noah hätte ihm getextet, wo er zu finden sei.«

»Einer der Mitbewohner vom Benner heißt Noah Dube.«

»Und der Benner heißt Johannes. Das sind mir zu viele Zufälle! Ich glaube, wir haben eine Spur, Fritz.«

Fäustl öffnete die Tür und bat Leander Tattenbach und Anna Veit, mit den drei Frauen kurz zu verschwinden. An seinem Rechner startete er das zugehörige Abfragesystem und nach wenigen Sekunden wurde er fündig. »Es gibt nur einen gemeldeten Thaddäus in den Landkreisen Altötting, Mühldorf, Traunstein und Rottal-Inn. In Straubing-Bogen und München gibt es noch welche. Als Familienname taucht Thaddäus überhaupt nicht auf. Deutet also wirklich darauf hin, dass es sich um meinen Steuerberater handelt.«

»Adresse?«

»Kramer, ich kann hier nicht weg. Die Zeit, die uns für die Befragungen zur Verfügung steht, tickt wegen des Termins beim Haftrichter.«

»Dann statte ich ihm allein einen Besuch ab.«

»Kramer des is keine gute Idee.«

»Dieser Metzger ist mit dem Opfer kurz vor seinem Tod heftig aneinandergeraten, somit höchstverdächtig. Ich schau zu dem hin, und wenn der verschwunden ist, geb ich sofort eine Fahndung raus.«

»Gut, Kramer. Lass dich aber zu nix hinreißen. Das sag ich dir als Freund. Ich befrage derweil den Noah Dube zu Thaddäus.« Fäustl diktierte Metzgers Adresse – eine Siedlung namens Burg auf der anderen Seite des Inns.

*

Burg lag gut zehn Minuten von Altötting entfernt und circa eine Viertelstunde von Mühldorf. Zehn Minuten brauchte Max von der Autobahnausfahrt bis zum Ortseingang und dann ungefähr noch einmal die gleiche Zeit, bis er die richtige Adresse gefunden hatte. Burg war eine Siedlung mit höchstens zehn verschiedenen Straßen, die sich parallel in unterschiedlichen Höhen den Hang entlangzogen und nach oben durch einen Nadelwald begrenzt wurde. Jedes Haus hatte an guten Tagen freie Sicht auf die Alpenkette. Dass die Grundstücke hier nicht billig waren, erkannte man auch an der Architektur der Häuser. Thaddäus Metzgers Haus war das oberste am Ende der Siedlung. Zwei große Garagentore und ein enormer Wendehammer begrüßten den Besucher. Rechts davon lag bergab das Anwesen, zu dem man von einem hüfthohen schmiedeeisernen Gatter, welches sich auf der Ebene der Garagen befand, hinuntersteigen musste. Ein architektonisch recht reizvoller Holzbau der Siebzigerjahre des letzten Jahrhunderts, wie Max feststellte. Er betrachtete das Schild, das am Betonpfeiler angebracht war, der das Gartentor hielt. »Dipl. Kfm. Th. Metzger – Steuerberater – Tax Consultant« stand darauf. Er drückte die Klingel und wartete. Hoffentlich war Metzger nicht in den Osterurlaub verschwunden.

Nach kurzer Zeit meldete sich eine knarzende Stimme aus der Gegensprechanlage. »Ja, bitte?«

Max war irritiert, denn er konnte den zugehörigen Lautsprecher nicht ausmachen. »Kramer, ich war gerade in der Gegend. Sie sind mir von Ihrem Mandanten Herrn Fäustl empfohlen worden«, stellte er sich vor, ohne zu wissen, in welche Richtung er sprechen sollte.

»Aha, Moment«, hörte er die Stimme wieder aus dem Nichts und gleichzeitig surrte das Gartentor. Max drückte dagegen, öffnete und nahm die Stufen nach unten zum Haupteingang. Ein dunkelhaariger Mann Mitte vierzig öffnete, während Max auf das Haus zuschritt. Der Herr blieb im Türrahmen stehen und musterte Max vom Kopf bis zu den Zehen. Wenn er eine Personenbeschreibung von Metzger hätte abgeben müssen, hätte er das in diesem Fall unbrauchbare Wort »attraktiv« benutzt. Metzger war groß, trug ein gestreiftes Seidenhemd ohne Kragen, dazu eine helle Jeans und Leinenschuhe. Er lächelte, sagte aber nichts, sondern wartete, dass Max das Wort ergriff.

»Kramer mein Name. Herr Metzger, ich habe ein riesiges Problem mit der Steuer und Herr Fäustl meinte, dass Sie mir vielleicht helfen könnten. Er hält Sie für den Besten Ihres Faches. Es geht steuerlich um Leben und Tod.«

»Aber selbstverständlich. Mir ist jede persönliche Unterbrechung im Moment willkommen, damit ich nicht länger auf meinen Bildschirm starren muss. Vor allem, wenn es um Leben und Tod geht. Ich kann Ihnen aber nichts versprechen. Vielleicht muss ich Sie an einen Kollegen verweisen. Ich bin eigentlich randvoll mit Klienten. Aber jetzt kommen Sie erst mal rein.« Seine baritonale Stimme klang freundlich, und Max traute ihm keinesfalls zu, dass er fähig war, einen anderen Menschen zu bedrohen. Auch wirkte er nicht wie der klassische Drogenabhängige. Er hatte sich Metzger nervös, fahrig und äußerlich wie einen Junkie vorgestellt. Vorurteile, wie Max nun feststellen musste.

Metzger trat zur Seite. »Kommen Sie rein, Herr Kramer.« Seine Augen waren von einem solchen Eisblau, dass sich Max fragte, ob Metzger vielleicht mit gefärbten Kontaktlinsen nachgeholfen hatte.

Das Erdgeschoss besaß einen simplen Grundriss, eine Küche, ein Bad, eine Toilette, eine Schiebetüre zum Wohnzimmer und eine Freitreppe, die in den ersten Stock führte. Alles ging von einer quadratischen Eingangshalle ab, deren Dachkonstruktion mit Milchglasscheiben genügend Licht durchließ. Max hatte den Eindruck, in einem überdimensionierten Wintergarten zu stehen, nicht unschön, aber ungemütlich. Metzger wies ihm den Weg zum Wohnzimmer. Dieses war ein weiterer Anbau auf unterschiedlichen Ebenen, die durch ein paar Stufen verbunden waren. Im unteren Bereich befanden sich ein offener Kamin und drei Couchen mit seitlichen Beistelltischen, die zueinander im rechten Winkel standen, sonst nichts. Keine herumliegenden Bücher oder Dekorationsartikel. Wirklich geschmackvoll.

»Kaffee?«, fragte Metzger, als Max gerade dabei war, das Ambiente auf sich wirken zu lassen.

Das Angebot klang verführerisch. Er hatte sehr wahrscheinlich noch einen langen Tag vor sich, deshalb brauchte Max etwas, um weiterhin wach und aufmerksam zu bleiben. »Keine schlechte Idee.« Koffein war Max' Lebenselixier, von dem er täglich nicht genug bekommen konnte. Er empfand Kaffee als unverzichtbar für das Wohlbefinden, auch wenn seine Magenschleimhaut nicht immer derselben Meinung war.

Metzger verschwand und kehrte ein paar Minuten später mit zwei Tassen zurück. »Bei mir gibt es weder Zucker noch Milch.«

»Ausgezeichnet. Schwarz ist die beste Mischung.«

Max hatte sich auf eine der Couchen gesetzt, und

Metzger nahm gegenüber Platz. Die Tassen stellte er auf die Tischchen daneben.

»Leben Sie hier allein, Herr Metzger?«

»Ja, hat sich so ergeben. Also, womit kann ich dienen?«

Das Gespräch und die ersten Minuten ihrer Begegnung wirkten auf Max, als hätte er einen alten Freund vor sich. »Sie haben einen nicht alltäglichen Vornamen. Thaddäus höre ich zum ersten Mal.«

»Sie sind nicht besonders bibelfest«, lächelte Metzger.

»Das haben Sie richtig erkannt.«

»Meine Eltern waren sehr katholisch. Ich bin es nicht, um das gleich klarzustellen, allerdings nach wie vor in der Bibel bewandert. Judas Thaddäus ist der Sohn des Jakobus und einer der Jünger Jesu gewesen.«

»Ah, der Verräter?«

»Nein, Herr Kramer. Da machen Sie den Fehler, den viele machen. Judas Thaddäus ist nicht zu verwechseln mit Judas Iskariot. Ich habe mich inzwischen mit meinem Vornamen arrangiert, obwohl ich ihn als Kind verflucht habe. Auch auf den Altöttinger Spielplätzen war es nicht immer leicht, so zu heißen.«

»Den Namen gibt es wirklich nicht oft.«

»Herr Kramer, ich habe noch nie einen Namensvetter getroffen.«

»Ich bin Oberkommissar bei der Kripo Mühldorf. Herr Metzger, haben Sie irgendeine Ahnung, warum ich hier sein könnte?«, fragte Max und änderte abrupt die Richtung ihres Gesprächs. Er war gespannt auf die Reaktion.

»Wenn es nicht um Ihre Steuer geht, nicht die geringste.« Metzger verharrte weiter ruhig in seiner

Position und das unterschwellige Lächeln auf seinen Lippen blieb.

Max präsentierte seinen Dienstausweis. »Woher kennen Sie Johannes Benner?«

Metzgers linker Mundwinkel zuckte kurz. »Wen?«

Max bezweifelte, dass diese Gegenfrage ernst gemeint war. »Jetzt kommen Sie, stellen Sie sich doch nicht dümmer, als Sie sind. Johannes Benner, den Leiter der Krankenhausapotheke, meine ich.«

»Okay, den Benner«, sagte Metzger, als würden noch tausend andere infrage kommen. »Ja, ich kenne ihn. Er ist ein flüchtiger Bekannter.«

»Nun zurück zu meiner Anfangsfrage: Woher kennen Sie sich?«

»Über Freunde.«

»Wer sind diese Freunde?«

»Kann ich Ihnen nicht genau beantworten. Ist schon Jahre her, seit unserer ersten Begegnung.«

»Ich dachte, Sie kennen sich nur flüchtig?«

»Tun wir auch.«

»Trotz jahrelanger Freundschaft?«

»Man kann sich ewig kennen und trotzdem nicht befreundet sein, oder sind Sie mit jedem gleich eng, der in Ihr Leben tritt, Herr Kommissar?«

Auf einmal wirkte Thaddäus Metzger auf Max nicht mehr sympathisch, sondern unglaublich arrogant. Er griff affektiert zu seiner Tasse, nippte daran und stellte sie mit abgespreiztem Finger wieder zurück auf den Beistelltisch. Max fixierte ihn weiterhin. »Wann haben Sie Johannes Benner das letzte Mal gesehen?«

»Keine Ahnung. Vor längerer Zeit.«

»Meines Wissens haben Sie sich gestern Morgen getroffen.«

»Da sind Sie falsch informiert.«

»Auf dem Kapellplatz in Altötting.«

»Was täte ich denn da?«

»Sagen Sie es mir.«

»Sie reden wirres Zeug, Herr Kommissar.«

»Nein, das tue ich nicht. Ich weiß aus sicherer Quelle, dass Sie beide gestern gegen sechs Uhr morgens eine Auseinandersetzung hatten.«

»Sie sollten besser aufpassen, welchen Informanten Sie Glauben schenken.« Langsam bröckelte Metzgers Fassade. Auf seiner Stirn zeigte sich ein leichter, glänzender Schweißfilm.

»Worum ging es in Ihrer Auseinandersetzung?«

»Was interessiert Sie das denn?«

»Sie geben also zu, mit Johannes Benner eine Auseinandersetzung gehabt zu haben?«

»Nein!«, schrie Metzger.

Max hatte ihn aus der Reserve gelockt. »Aber Sie sind sich gestern in den frühen Morgenstunden über den Weg gelaufen?«

»Ich sage jetzt gar nichts mehr, Herr Kommissar.«

»Warum nicht? Weil ich ins Schwarze getroffen habe?«

Metzger legte seine Fingerkuppen aufeinander und sah betont gleichgültig umher. »War's das? Ich wäre Ihnen sehr verbunden, wenn Sie mich jetzt allein ließen. Auf meinem Schreibtisch stapelt sich die Arbeit. Ich habe Besseres zu tun, als mich mit Ihren kruden Fantasien zu beschäftigen. Sie erschleichen sich einfach

Zutritt in mein Haus und nutzen meine Gastfreundschaft schamlos aus.«

»Herr Metzger.« Max suchte seinen Blick. »Johannes Benner ist gestern Vormittag ermordet worden.«

Metzgers Augenbrauen hoben sich und gleichzeitig öffnete sich zeitlupenartig sein Mund. »Krass!«

Max konnte nicht mit hundertprozentiger Sicherheit sagen, ob diese Überraschung echt oder gespielt war. Bisher wurde er aus Thaddäus Metzger nicht schlau. Ein unruhiges Blinzeln überkam ihn und er schloss die Augen, als wolle er der Situation für einen Moment entfliehen.

»Ganz schön blöd«, sagte er nach einer Weile des Schweigens. »Sie verdächtigen mich, oder?«

»Eine Verdächtigung lässt sich am leichtesten aus der Welt schaffen, indem Sie reinen Tisch machen, Herr Metzger. Wenn Sie mit uns kooperieren, sieht das vor Gericht immer gut aus, egal, um was für eine Straftat es sich handelt. Wie ist Ihre Beziehung zu Herrn Benner?«

Von Metzger kam keine Antwort.

»Was ist gestern Morgen vorgefallen?«

»Ich habe Johannes nicht umgebracht. Als ich weggefahren bin, waren er und seine Leute noch quietschlebendig.« Metzgers Stimme klang leise, aber bestimmt.

»Wir werden das überprüfen, und wenn die Geschichte stimmt, dann haben Sie nichts zu befürchten. Worum ist es in Ihrer Auseinandersetzung gegangen?«

»Chrystal«, flüsterte Metzger, als schäme er sich für dieses Geständnis.

»Das dachte ich mir.« Max griff zu seinem Autoschlüssel. »Herr Metzger, wir fahren gemeinsam auf die Kriminalpolizeistation. Dort nehme ich Ihre Aussage zu Protokoll.«

EIN JAHR ZUVOR

Tagebucheintrag

Flo will nicht das, was ich will, und hat die Jungs auf seiner Seite. War ja klar. Chrystal sollte nur eine Überbrückungshilfe sein. Ich bin hin- und hergerissen. Weitermachen? Mir wird das in der Klinik inzwischen zu heiß. Flo kann halt leider sehr überzeugend sein. Dirk und Noah erledigen weiterhin das Geschäft mit den Kunden. Die paar, die sich bei mir melden, gehen mir gehörig auf den Sack. Im Einzelhandel wäre ich vollkommen fehl am Platz.

Elisabeth möchte, dass wir uns als Gemeinschaft politisch engagieren. Sie hat recht, dass man nur etwas verändern kann, wenn man bei sich selbst anfängt. Ja, wir sollten unsern Arsch hochbekommen. Die Menschheit steht am Abgrund und marschiert trotzdem fröhlich weiter voran.

Das mit Niki wird nichts mehr. Shit! Ich bin halt doch konservativer, als ich dachte. Dafür startet Irene wieder einen Annäherungsversuch. Gefühlslage ist irgendwie ambivalent. Nein, ich hab keinen Bock mehr auf sie! Zölibat ist allerdings auch keine Option.

VI. DENN DIE RECHENSCHAFT NAHT UND DER DROHENDE ZORN

Nach dem Umtrunk vor dem Kloster und der Einsicht, dass ihr Führerschein unter Umständen für immer futsch sein könnte, hielt Fräulein Schosi Hirlingers Idee, Rat bei der örtlichen Caritas zu suchen, für keine ganz unterirdische mehr. Wobei sie den Führerscheinentzug durch die Altöttinger Exekutive nach wie vor für vollkommen übertrieben hielt. Man sollte die Kirche im Dorf lassen. Die paar Stampal Pfefferminzlikör konnten doch gar nicht so schwer ins Gewicht gefallen sein, und Schlangenlinien war sie ja keine gefahren. Der Polizist Seppi Mayerling und sein Untergebener, dieser Schinke, die sie vor kurzer Zeit in ihrem Fahrzeug gestoppt hatten, hatten nichts anderes im Sinn gehabt, als sie zu schikanieren. So eine bodenlose Frechheit! Als gäbe es hier nichts Wichtigeres zu tun.

Inzwischen hatte sich Fräulein Schosi von einem vertraulichen Gespräch mit einer Beraterin, die dem Monsignore noch einen Gefallen schuldete, in den eigenen vier Wänden überzeugen lassen. Im Gebäude der Caritas zur Fahrsünder-Beratung aufzukreuzen, wo sie vielleicht erkannt wurde, kam gar nicht infrage. Da würde sie lieber für alle Ewigkeit auf ihren Führerschein verzichten oder sich ohne diesen ans Steuer setzen. Doch das hielt ihr Arbeitgeber für alles andere als klug. An der Medizinisch-Psychologischen Untersuchung, die ihre Fahreignung beurteilen sollte, führte wohl oder übel kein Weg vorbei. Diese kostenlose Caritas-Beratung im Vorfeld war wirklich keine schlechte Idee, um sich darauf vorzubereiten. Denn beim »Deppaltest«, wie Fräulein Schosi sich ausdrückte, waren schon viele gescheitert.

Fräulein Schosi kam aus der Küche des Monsignore, denn in ihrer Wohnung, ein Stockwerk tiefer, wollte sie die Dame von der Caritas nicht empfangen. Das Angebot ihres Arbeitgebers, sein Wohnzimmer als neutralen Boden zu nutzen, hatte sie dankbar angenommen, und er selbst wollte als seelische Stütze dabei sein. Frau Taut-Züchner, wie der Monsignore die Psychologin vorgestellt hatte, saß mit Hirlinger an seinem Couchtisch, und Fräulein Schosi hielt ein Tablett in der Hand, auf dem sie Tee, Pfefferminzlikör und drei zugehörige Gläschen transportierte.

»Jetzt mach ma's uns mal richtig gemütlich«, sagte sie, stellte es auf dem Tisch ab und schaltete die Stehlampe ein und die Deckenleuchte aus, obwohl von draußen genügend Licht hereinbrach.

Die Psychologin besah sich das Etikett der Likörflasche und gab diese dann entschieden an Fräulein Schosi zurück. »Das ist in der jetzigen Situation wohl nicht ganz das Richtige.«

Verständnislos griff Fräulein Schosi danach und stellte sie schulterzuckend neben sich auf den Boden. »Wie war Ihr Name noch mal?«

Die Psychologin lächelte. »Mein Name ist Kristina Taut-Züchner von der Caritas Altötting.«

Hirlinger wollte nun das Eis brechen, das er förmlich zwischen den Damen fühlte, und eröffnete das Gespräch mit einer harmlosen Eingangsfrage. »Wer kommt denn so zum Beispiel zu Ihnen und bittet um Hilfe, Frau Taut-Züchner?«

»Ganz unterschiedlich. Jedes Alter und jedes Geschlecht. Sie sind eine meiner Klientinnen«, wandte sie sich Fräulein Schosi zu, »die zum ersten Mal auffällig geworden ist. Es gibt aber auch welche, die bereits fünfmal eine negative MPU hatten.«

»Fünfmal sind die scho beim Deppaltest durchg'fallen? Das ist echt heftig.« Fräulein Schosi wirkte interessiert.

»Mit einer der häufigsten Durchfallgründe ist, dass bagatellisiert wird.«

»Was bedeutet des genau beim Deppaltest?«

»Das heißt, man spielt den früheren Konsum runter.«

Aufmunternd nickend schaltete sich Hirlinger dazwischen. »Es ist also in der MPU nicht schlimm zuzugeben, dass man früher sehr viel getrunken hat, man muss aber deutlich machen, dass man das jetzt beziehungsweise in der Zukunft nicht mehr tun wird.«

Die Psychologin griff zu ihrer mitgebrachten Aktentasche. »Genau. Hier ist ein Fragebogen zum persönlichen Alkoholkonsum. Bitte füllen Sie den ehrlich aus.« Sie reichte Fräulein Schosi ein paar zusammengeheftete Din-A4-Seiten nebst einem Kugelschreiber.

»Und des muss ich dann auch genauso beim Deppaltest machen?«

»Ganz wichtig ist mir, dass Sie bitte dieses Wort nicht mehr gebrauchen und stattdessen MPU sagen, sonst sehe ich für die Wiedererlangung Ihrer Fahrerlaubnis gleich zu Beginn schwarz.«

»›Durch Alkoholkonsum kam es bei mir zu Abstürzen beziehungsweise Verlust der Kontrolle über mein Verhalten, Erinnerungslücken und so weiter‹«, überflog Fräulein Schosi die erste Frage. »So ein Schmarrn, natürlich Nein!«

Hirlinger wurde unruhig. »Können Sie sich an den nachmittäglichen Umtrunk mit unserem Apotheker Herrn Blafino erinnern?«

»Ja sicher! Da war ich in einer seelischen Ausnahmesituation.«

»Und dass Sie dabei ganz Altötting mit Ihren Liedern beglückt haben?«

»Also Monsignore, im Leben nicht! Sie übertreiben.«

Skeptisch kniff Hirlinger ein Auge zu. »Ich würde an Ihrer Stelle Ja ankreuzen.«

Demonstrativ hob Fräulein Schosi den Kugelschreiber und zielte bereits aus großer Entfernung auf das Nein-Kästchen, dabei würdigte sie ihren Monsignore keines weiteren Blickes. Der Stift schnellte auf das Blatt. »Hundertprozentiges Nein.« Fräulein Schosi las die nächste Frage. »›Ich habe Alkohol getrunken, um die eigene Stimmung anzuheben.‹« Sie schüttelte den Kopf. »Nein! Nur aus medizinischen Gründen, wegen der heilenden Ingredienzien.« Sie blickte zu Frau Taut-Züchner »Soll ich des handschriftlich darauf vermerken?«

»Nein, nur Ja- und Nein-Kreuzchen.«

Hirlinger atmete geräuschvoll ein. »Ich glaube, so wird das nichts.«

»Wieso? Das ist die Wahrheit«, sagte Fräulein Schosi entrüstet.

Beruhigend legte die Psychologin ihre Hand auf Fräulein Schosis Unterarm. »Verzeihen Sie, aber der Gutachter würde aus Ihrem bisherigen Auftreten schließen, dass bei Ihnen eine Alkoholgefährdung vorliegt. Ich gebe dem Monsignore recht.«

»Blödsinn!«

Hirlinger verdrehte die Augen, als er die Psychologin ansah, und auch Frau Taut-Züchner wirkte, als wäre sie zu diesem Zeitpunkt bereits mit ihrem Latein am Ende.

»Erklären Sie mir lieber mal, wie dieses Gespräch endgültig ablaufen wird.« Fräulein Schosi legte die Papierseiten aus der Hand, verschränkte die Arme vor ihrem Bauch und lehnte sich zurück.

»Es gibt eine Reihe an Fragen, die bei jeder MPU gestellt werden. Gleich zu Beginn wird der psychologische Gutachter Sie fragen, warum Sie an diesem Tag vor ihm sitzen.«

»Ja, weil ich meinen Führerschein wiederhaben will!«

»Mit dieser Antwort hätten Sie sich schon ins Aus geschossen. Machen Sie bitte deutlich, dass Sie wissen, dass es um Ihr unachtsames Verhalten mit Alkohol geht, das Sie dort hingebracht hat. Zeigen Sie sich verständig.«

»Gut, verstanden! Verständnis heucheln.«

Die Psychologin fuhr sich über ihre Stirn. »Heucheln ist nicht der richtige Weg. Die nächste Frage wird lauten: Was wollen Sie heute ausdrücken?«

In Fräulein Schosis Kopf begann es zu arbeiten. »Ja, dass ich einen großen Fehler gemacht habe, der mir furchtbar leidtut. So was in die Richtung?«

»Auch das halte ich nicht für klug.«

»Ihnen kann man's aber auch gar ned recht machen, oder?«

Nun kratzte sich Frau Taut-Züchner an der Schläfe. »Wenn Sie in Ihrem Leben schon etwas in die richtige Richtung verändert haben, ist es wichtig, das an dieser Stelle auch deutlich zu machen. Im Anschluss werden Sie dann sicher schildern müssen, wie Ihr Delikt zustande gekommen ist.«

»Delikt?« In der Art und Weise, wie Fräulein Schosi das Wort wiederholte, lag ein verächtlicher Ton. »Eine hundsgemeine Verschwörung der Altöttinger Polizei war das, weil ich tags zuvor schon in einer Verkehrskontrolle nicht so mitgespielt habe, wie die sich das vorgestellt hatten. In dieser Stadt wird man an jeder Ecke gegängelt, das sag ich Ihnen. Eine Frechheit! Die wollen hier bald einen Polizeistaat aufbauen, so schaut's nämlich aus.«

»Aber Sie hatten wirklich was getrunken, dass Ihre Fahrweise an jenem Tag beeinträchtigt war«, kam als schüchterner Einwand von Monsignore Hirlinger.

»Papperlapapp! Ich hab mich auch noch nach fünf Pfefferminzlikören vollkommen im Griff. Dichten Sie mir keine Märchen an, Monsignore.«

»Wären Sie zu einem kleinen Experiment bereit, Fräulein Schosi?« Die Psychologin begann, in ihrer Handtasche zu kramen.

»Muss ich mich ausziehen?«

»Nein, nein, um Gottes willen.« Frau Taut-Züchner zog eine Taucherbrille hervor. »Bitte setzen Sie diese auf. Ihr Sehvermögen wird durch diese Brille leicht beeinträchtigt, und manches werden Sie verschwommen wahrnehmen. Wir machen nun eine kleine Übung und dann schätzen Sie, welchen Promillewert dieses Veranschaulichungsmittel darstellt.«

»Also geben Sie das Ding schon her.« Missmutig zog Fräulein Schosi das taucherbrillenartige Etwas über ihren Kopf. Danach hielt sie inne und starrte die Psychologin stoisch an. »Ich habe das Gefühl, dass sich alles ein bissal bewegt, obwohl ich hier vollkommen still halte. Das ist ja lustig.« Sie streckte ihre Hand aus und beobachtete diese durch das Glas vor ihren Augen, während sie ihre Finger hin und her bewegte.

»Wie weit Sie wirklich von mir entfernt sitzen, kann ich nicht mehr abschätzen, Frau Taut-Züchner.« Fräulein Schosi kicherte. »Ich fühle mich auf einen Schlag betrunken.«

»Was denken Sie, wie viel Promille Ihnen diese Brille vorgaukelt?«, fragte die Psychologin.

Mit einem Ruck erhob sich Fräulein Schosi und ihr ganzer Körper torkelte zwei Schritte nach rechts. »Das geht sicher so in die Richtung von zwei Komma null oder darüber.« Sie hatte Mühe, wieder auf ihren Stuhl zu klettern, und kicherte weiter. »Auf der nächsten Faschingsfeier von unserem Frauenbund ist das auf alle Fälle ein lustiger Programmpunkt, wenn das jede Mal bei der Reise nach Jerusalem aufsetzen darf.«

Frau Taut-Züchner stand auf und wies Hirlinger und Fräulein Schosi an, dasselbe zu tun. »Bitte folgen Sie mir auf Ihren Hausgang.« Sie deutete dort auf die Sockelleiste. »Orientieren Sie sich daran und versuchen Sie aufrecht in einer geraden Linie auf dem Boden entlangzubalancieren.«

»Was is denn des schon wieder für eine komische Idee?«

»Sie sind wirklich ein harter Knochen. Vertrauen Sie mir einfach.«

Fräulein Schosi breitete ihre Arme aus wie ein Engel seine Flügel und setzte einen Fuß vor den anderen. Zuerst neigte sich ihr rechter Arm, dann die dazugehörige Schulter. »Oha.« Sie tat noch zwei Schritte, dann gaben ihre Knie langsam nach und sie sank auf den Boden. »Oha.«

Hirlinger und Frau Taut-Züchner griffen ihr unter die Arme, um sie mit angestrengtem Gesicht wieder nach oben zu ziehen. »Hätten Sie sich so fahrtüchtig gefühlt?«, erkundigte sich die Psychologin.

Fräulein Schosi befreite sich von der Taucherbrille und lachte, als sie wieder einen festen Stand hatte. »Natürlich ned. Gehört das zu dem Deppal…« Sie verbesserte sich. »Gehört des zu der MPU standardmäßig dazu?«

Frau Taut-Züchner schüttelte mit dem Kopf. »Nein. Aber in der Beratung möchte ich damit ein Bewusstsein schaffen, was Alkohol bei uns verändert. Sie glauben immer noch, dass die gefühlte Wahrnehmungsveränderung bei zwei Komma null Promille liegt?«

»Ja, mindestens.«

»Es waren null Komma acht.«

Schlagartig wandte Fräulein Schosi ihren Kopf. »Was?«

»Sehen Sie.« Hirlinger musste grinsen.

»Bei der MPU wird Ihre Konsumvergangenheit noch ein wichtiger Punkt sein.«

»Meine Konsumvergangenheit? Was soll denn das heißen?«

»Na ja, wie viel Sie halt so in Ihrem Leben normalerweise trinken. Zum Beispiel feiertags in der Badewanne«, erklärte Hirlinger, was die Psychologin mit dem Wort gemeint haben könnte.

»Ja, aber doch nur, weil das die innere Reinigung unterstützt.«

»Und Ihr Singen dabei? Gehört das auch zum Reinigungsprozess?«, fragte Hirlinger trocken.

»Was hat denn das damit zu tun?«

»Ich mein ja bloß«, grummelte Hirlinger

»Stört Sie des etwa, Monsignore? Seitdem ich denken kann, singe ich im Kirchenchor für Gottes Lohn, und bisher hat sich noch nie jemand beschwert. Im Gegenteil! Ich bin eine große Stütze des Altöttinger Kirchenchores. Ohne mich könnten die einpacken. Ich bin die Stimmführerin im Bass! So schätzen Sie mich also. All die Jahre koche ich für Sie, stelle mein Leben hinten an, kümmere mich um Ihre Gesundheit und Ihr Wohlergehen, und dann stört Sie auf einmal mein Gesang. Das tut weh!« Tränen liefen unerwartet über Fräulein Schosis Wangen und sie begann zu schluchzen.

Frau Taut-Züchner sah mitleidig an Fräulein Schosi herab und setzte eine aufmunternde Miene auf. »Haben Sie schon mal daran gedacht, vielleicht gemeinsam einen Eheberater zu konsultieren? Ich meine natürlich eine Paarberatung.«

»Wie bitte? Das ist doch die Höhe«, echauffierte sich Fräulein Schosi und vergaß dabei, dass sie Sekunden zuvor noch zu Tode betrübt gewesen war.

»Verzeihung«, stammelte Frau Taut-Züchner, als ihr klar wurde, in welches Fettnäpfchen sie getreten war.

Die Fäuste in die Seiten gestemmt, stierte Fräulein Schosi die Psychologin an, als wäre sie der Leibhaftige persönlich. »So eine gemeine Unterstellung. Schämen Sie sich nicht?«

Schüchtern versuchte der Monsignore, die Wogen zu glätten. »Frau Taut-Züchner hat das sicher nicht böse gemeint.«

Doch Fräulein Schosi hörte ihm gar nicht zu. »Schon als Sie vorher durch diese Tür getreten sind, wusste ich, dass Sie eine falsche Schlange sind. Verlassen Sie umgehend das Haus des Monsignore! Sie sind ein Subjekt übelster Sorte.« Ihr Zeigefinger schnellte zum Ausgang, und die Psychologin begann, hastig ihre Tasche zu packen, als hätte sie Angst, dass den Worten bald körperliche Gewalt folgen könnte.

Fräulein Schosi ging zurück ins Wohnzimmer, griff nach dem zur Seite gestellten Pfefferminzlikör, schraubte den Verschluss ab und genehmigte sich einen ordentlichen Schluck direkt aus der Flasche.

Hirlinger hüllte sich unterdessen in Schweigen und zählte eine mantrische Zahlenreihe auf, die diesmal sicher erst bei Eintausend ihr Ende finden würde. Vorher hatte er sich garantiert noch nicht beruhigt. »… fünf, sechs, sieben …«

*

Anstatt sich wieder zu setzen, nachdem er Metzger einen »Guten Tag« gewünscht hatte, machte Max ein paar

Schritte durch sein Büro und öffnete die Tür. Thaddäus Metzger blickte ihn fragend an. »Das heißt, ich kann gehen?«

»Ich bin Ihnen dankbar, wenn Sie nicht gerade in den Osterurlaub fahren und sich weiter zu unserer Verfügung halten würden. Aber ansonsten sind Sie ein freier Mann.«

»Und ich kann wirklich wieder nach Hause?«

Max und Fäustl nickten gleichzeitig. »Ja, das sollte mein ›Guten Tag‹ bedeuten.«

Metzger verließ unverzüglich in leicht gebückter Haltung die beiden Kriminaler, nachdem er ein »Auf Wiedersehen« gemurmelt hatte. Noch im Gehen zückte er sein Mobiltelefon. Anscheinend bestellte er sich ein Taxi, glaubte Max, wenn er die Worte, die vom Gang her widerhallten, richtig vernommen hatte.

»Heftige Wendung der ganzen Geschichte«, sagte Fäustl und blickte zur Tür.

»Warum nimmt ein Mann wie Metzger Chrystal? Das will mir einfach nicht in den Kopf. Er hat genug Geld, einen großen Freundeskreis, ist als Steuerberater erfolgreich. Der passt doch gar nicht ins Schema.«

»Falsch, Kramer, ganz falsch.«

»Klär mich auf. Du scheinst da mehr zu wissen. Ich bin bewusst beim Mord und nicht beim Dreck gelandet.«

»Typischer High Performer.«

»Aha«, entfuhr es Max ungläubig. »Was bedeutet?«

»Ja, Kramer, da hab ich auch gestaunt, als ich die aktuellen Zahlen zu den Chrystal-Konsumenten gelesen habe.«

»Fritz, ich finde es echt faszinierend, dass du dich auf dem Gebiet so auf dem Laufenden hältst.«

Fäustl glitt ein stolzes Lächeln übers Gesicht. »Danke für das Lob, Kramer.« Er setzte von Neuem an. »Zu den Konsumenten zählen unter anderem überdurchschnittlich oft motivierte Fach- und Führungskräfte und Selbstständige, die im Job exzellente Leistungen erbringen, übrigens sind da auch viele Ärzte darunter. Die Woche über laufen sie in der Arbeit auf Hochtouren und in ihrer Freizeit am Wochenende wollen sie das auch. Sie sind leistungsorientiert im Job und auch beim Sex. Chrystal unterdrückt Müdigkeit, Hunger und Schmerzen und macht total euphorisch. Ist eine typische Droge für Chem-Sex.«

Max' Augen wurden größer, und er schüttelte den Kopf, als wolle er Ordnung in die Gedanken bringen, die sich chaotisch in seinem Hirn stapelten. »Moment, Fritz. Diese High Performer, von denen du sprichst, die müssen doch am Montag alle wieder zur Arbeit.«

»Korrekt, Kramer.«

»Die sind aber dann noch total drauf?«

»Deshalb nehmen viele gerne ab Sonntagnachmittag Benzos, um sich auszuknipsen.«

»Benzodiazepine? Und das hilft?«

»Zumindest, um runterzukommen. Sie brauchen ja schließlich noch etwas Schlaf, bevor sie wieder ihrem Arbeitgeber unter die Augen treten.«

»Wie lange hält das ein Mensch aus?«

»Ach, du, ganz schön lange. Der körperliche Verfall setzt nicht sofort ein, es ist eher die Psyche, die darunter leidet. Die meisten schauen ganz normal aus. Das ist das große Missverständnis, das wir alle wegen dieser Plakate aus den USA haben. Dieses Meth- oder Chrystal-Gesicht, das halb und halb dargestellt worden ist, also auf der einen Seite gesund und auf der anderen total runtergerockt, so was findest du in der Realität nicht so häufig. Natürlich gibt es Menschen, die so aussehen, aber für diesen Zustand muss ein täglicher Konsum einer nicht geringen Menge vorliegen. Menschen, die nach ihrem Rausch wieder runterkommen, haben meistens drei Tage nicht geschlafen und schwitzen wie die Irren, haben aber noch keine Zähne verloren oder offene Stellen am Körper.«

»Das habe ich mir tatsächlich anders vorgestellt.«

»Der Metzger zum Beispiel pfeift sich dieses Gift nicht jeden Tag rein.«

»Woran machst du das fest, Fritz?«

»Leute, die viel konsumieren, sind unruhig, fahrig und kneten ihre Handflächen oder Oberschenkel. Ich würde das als zappelig beschreiben. Sie können sich nicht konzentrieren, verlieren schnell den Fokus und blicken nervös durch den Raum.«

»Das trifft alles tatsächlich nicht auf Metzger zu.«

»Eben, Kramer.«

»Wie schätzt du die vom Wohnprojekt ein? Sind das Abhängige?«

»Die Hauptkommissarin Veit und ich sind uns in diesem Punkt überraschenderweise einig: Tägliche Konsumenten sind nicht darunter. Wir vermuten eigentlich, dass keiner von denen wirklich etwas nimmt. Dass die kiffen, würde ich ihnen allerdings zutrauen.«

Hinter Max' Stirn erschien das Bild von Maria Evita, als sie beide noch sechzehn waren und heimlich im

Klostergarten Marihuana geraucht hatten. Es amüsierte ihn, da er sich im nächsten Augenblick seine Exfreundin im Habit vorstellte, wie sie gemeinsam mit der Mutter Oberin einen Joint durchzogen.

»Ich würde gerne wissen, was in deinem Kopf gerade vorgeht«, sagte Fäustl.

»Ach nix. Ich hab an einen blöden Witz denken müssen.«

»Dann möchte ich die Aufmerksamkeit des Herrn Oberkommissar mit Verlaub wieder auf den eigentlichen Fall lenken.«

Max versank in seinem Drehstuhl. »Selbstverfreilich.« Sein Blick fiel auf den Papierkorb unter dem Schreibtisch. Darin entdeckte er ein angebissenes Vollkornbrot und Gemüsesticks.

Fäustl bemerkte den Blick seines Kollegen, der grübelnd dort hinstarrte, wo er vorher seine geschmacksneutrale Brotzeit entsorgt hatte. Nun wurde er verlegen. »Nicht, dass du jetzt was Falsches von mir denkst, Kramer …«

»Ich denk gar nix«, sagte Max amüsiert. »Hat's nicht geschmeckt?«

»Bitte behalt es für dich. Die Evi hat sich echt Mühe gegeben, aber Vollkornbrot hat einfach eine Konsistenz wie Pappendeckel.«

»Da kann ich dir nicht widersprechen.«

»Ich halte mich nach wie vor an meine Diät.«

»Wir könnten nach Feierabend zusammen joggen gehen. Was meinst?«

»Ich wollt eigentlich mit der Evi noch was unternehmen.«

»Es muss ja auch ned heut gleich sein.« Max begann in seinem Drehstuhl, Karussell zu fahren. »Noch mal zurück zum Metzger.«

»Der war's nicht«, kam von Fäustl im Brustton der Überzeugung.

»Da schließe ich mich dir an. Die Schulden sind ja Peanuts. Chrystal hatte der Benner nicht bei sich, und überhaupt ist die ganze Inszenierung des Mordes zu aufwendig für einen Abhängigen, der seinen Dealer, aus welchen Gründen auch immer, um die Ecke bringen will.«

Fäustl nickte. »Kramer, du benutzt das richtige Wort: Inszenierung.«

Max rutsche mit seinem Bürostuhl nach vorn und wieder zurück. »Allein diese mit Genauigkeit geschnürte Galgenschlinge …«

»Die hat jemand vorbereitet«, grätschte Fäustl dazwischen.

»Wer hat eigentlich alles einen Schlüssel zum Kirchturm?«

»Gute Frage.«

Max überlegte. »Da war am Karfreitag nicht abgeschlossen. Das bringt mich zur nächsten Frage: Wird da überhaupt abgeschlossen?«

Fäustl tippte auf seine Tastatur und blickte anschließend auf den Bildschirm seines Rechners. »Vorschlag: Wir fahren nach Altötting und befragen dazu den Kaplan Seidlinger, der hat die Ministranten, die den Benner entdeckt haben, in den Turm geschickt. Nummer und Adresse hab ich hier.«

»Warum hängt der Mörder ausgerechnet sein Opfer

in den Uhrenturm der Stiftskirche? Das ist der springende Punkt.«

»Korrektestens, Kramer, das denk ich auch.«

»Ein Mörder, der einen so prominenten Ort wählt, um sein Opfer auszustellen, der will doch irgendwem irgendwas dadurch mitteilen.«

»Höchstwahrscheinlich, Kramer.« Fäustl erhob sich. »Auf geht's! Du fährst diesmal.« Das Telefon auf dem Schreibtisch klingelte und Fäustl hob ab. Zweimal gab er einen kurzen Laut von sich, der wohl Zustimmung bedeuten sollte, dann legte er wieder auf. Er blickte zu Max hinüber. »Die Maria Evita wartet vorn im Eingangsbereich.«

»Warum denn das?«

*

Als Leander Tattenbach aus dem Labyrinth des Sicherheitsbereichs des Amtsgerichts Mühldorf heraustrat, erkannte er den Mann nicht gleich, der vor den Aufzügen auf ihn wartete. Joe Paukenschlager wirkte binnen eines Tages um Jahre gealtert. Erst als dieser den Anwalt direkt ansprach, wusste er, wen er vor sich hatte. Sein Gesicht war fahl und von den Sorgen um seine Töchter gezeichnet.

»Leander?«

»Joe.«

»Also?«

»Sie kommen gleich. Wir können sie mit nach Hause nehmen. Die Haftrichterin ist dem Antrag der Staatsanwältin auf den Erlass eines Haftbefehls nicht gefolgt.

Deine Töchter werden unverzüglich freigelassen. Ich habe die schweren Tatvorwürfe entkräften können, und die Richterin denkt nicht, dass Fluchtgefahr besteht.«

Sobald Joe Paukenschlager verstanden hatte, dass seine Töchter wieder auf freiem Fuß waren, umarmte er den Anwalt. »Ich schulde dir eine Menge, Leander.«

»Im wahrsten Sinne des Wortes.« Er sah Joe durchdringend an.

»Ich vergesse es nicht. Sag mir bitte die Wahrheit: Haben sie es getan?«

»Frag sie das selbst.«

Plötzlich öffneten sich die Aufzugstüren und die Paukenschlager-Schwestern in Begleitung von Elisabeth Cortello traten auf den Gang. Als Niki und Ronja ihren Vater sahen, gab es für ihn kein Halten mehr. Er umarmte und drückte sie, als ob sie sich Jahre nicht mehr gesehen hätten. So viel Herzlichkeit Joe auch ausstrahlte, so wenig kam von Niki und Ronja in dieser Situation zurück.

Die Türen des anderen Aufzugs gingen auseinander und zwei Männer traten heraus. Als sie Leander Tattenbach sahen, gingen sie mit ausgestreckter Hand auf ihn zu.

»Danke, du bist der Hammer!« Beide schlugen nacheinander in Tattenbachs Hand ein und klopften ihm freundschaftlich auf die Schulter.

»Nix zu danken, Flo. Das war eine Selbstverständlichkeit. Gregor, ich hab das wirklich gern getan.«

Niki, Ronja und Elisabeth wandten sich den beiden Neuankömmlingen zu. In einem großen Kreis schlossen sie sich in die Arme, bis sich Joe Paukenschlager geräuschvoll räusperte und so seinen Töchtern zu verstehen gab, dass er nun aufbrechen wollte. »Ich würde dann fahren.«

Niki drehte sich zu ihrem Vater um. »Du wirst nicht für alle Platz haben, oder?«

»Nein, nur für euch drei Mädels.«

»Danke, Papa. Aber wir schauen, dass wir gemeinsam mit den Jungs nach Hause kommen. Zug oder Bus – ist ja nicht weit.«

»Ich dachte, dass ihr vielleicht mit mir heimkommt.«

Alle Anwesenden schwiegen. Niki warf ihrer Schwester einen Hilfe suchenden Blick zu, worauf Ronja ihr zur Seite sprang. »Unser Zuhause ist bei Elisabeth, Flo und Gregor.«

Das hoffnungsvolle Glänzen, das Joe Paukenschlager eben noch in den Augen hatte, verflüchtigte sich. »Ihr wollt also wirklich so weiterleben?«

»Was soll denn das heißen?«, fragte Gregor Pepkowski.

»Dass ihr nicht die richtigen Freunde für meine Töchter seid«, antwortete Joe Paukenschlager. »Ich dachte, das hätte spätestens jetzt ein Ende.«

Die Gruppe erfasste ein betretenes Schweigen, bis Bewegung in Gregor kam und er auf Paukenschlager zuging. »Kann ich mit dir mal ein Gespräch unter vier Augen führen? In Gedenken an die alten Zeiten.«

»Was soll das bringen?«, kam von Paukenschlager als barsche Reaktion.

»Du kennst uns doch kaum. Jeder verdient eine Chance.« Gregor wies mit seiner Hand zum Ausgang. »Komm.«

»Ich kenne dich. Das reicht schon. Aber an mir soll's nicht liegen.«

*

»Fünf von sieben also?«, erkundigte sich Fäustl. »Und wirklich alle beim Drogentest negativ? Hätte ich jetzt nicht gedacht.« Er telefonierte mit Hauptkommissarin Anna Veit, die ihn über die Entscheidungen der Haftrichterin im Altöttinger Chrystal-Meth-Fall in Kenntnis setzte. »Ja, natürlich ist das Mist fürs K4, aber Noah und Dirk Dube sind weiter in Haft. Verstehe.«

Auf der Hinterbank saß Maria Evita und suchte Max' Blick im Innenspiegel.

»Noch mal, das Missverständnis von vorhin tut mir wirklich leid«, flüsterte er so leise wie möglich, um Fäustls Telefongespräch nicht zu stören.

»Passt schon«, gab Maria Evita mit gedämpfter Stimme zurück. »So eine Zugfahrt zwischen Altötting und Mühldorf hat man auch nicht jeden Tag.« Sie lächelte. »Wie du dir vorstellen kannst, hab ich heute nicht besonders viel vor.«

Max' Gesicht spiegelte weiterhin sein schlechtes Gewissen wider. Er war sich nicht mehr sicher, welche Wörter er vorher bei ihrem Telefongespräch genau benutzt hatte, dass Maria Evita sich gleich auf den Weg in die Kriminalpolizeistation gemacht hatte. »Deine offizielle Aussage hätte echt noch Zeit gehabt. Ich wollte dich anrufen und einen Termin vereinbaren.«

»So komme ich wenigstens zu einer gemeinsamen Autofahrt mit dir.«

Max setzte den Wagen in eine Parklücke an der Altöttinger Bahnhofstraße. Der Mercedes hinter ihm hupte, da ihm das Manöver nicht schnell genug vonstattenging und er wegen des regen Gegenverkehrs, der sich durch die Innenstadt schob, nicht an Max und Fäustl vorbeikonnte. Wieder und wieder drückte der Ungeduldige auf die Hupe.

»So jetzt reicht's!« Max ließ seinen schräg aus der Lücke schielenden Wagen stehen, ohne den Motor abzustellen, zückte seinen Dienstausweis und eilte zu dem Ungeduldigen hinter ihm. »Sag a mal, geht's noch?«

Fäustl drehte sich um, immer noch das Mobiltelefon ans Ohr gepresst, und beobachtete, wie Max sich vor der Fahrertür des anderen aufbaute. Der Gegenverkehr kam nun vollständig zum Erliegen. Maria Evita bekam große Augen.

»Hör endlich auf, hier so einen Krach zu veranstalten. Wir sind mitten in der Stadt. Das ist Nötigung! Die paar Sekunden kannst echt a bissal Geduld aufbringen, oder?« Max schimpfte und wurde immer lauter. Mit seinem Dienstausweis fuchtelte er in sicherer Entfernung vor dem Fahrerfenster herum. Der Mann hinter dem Steuer wurde dabei immer kleiner. »Weißt du, wie viele Menschen von deinem beschissenen Rumgehupe genervt sind? Oder wie viel Babys gerade deswegen zu plärren beginnen?«

Auf dem Gehsteig blieben die Menschen stehen und beobachteten das Spektakel.

»Hast du dir vielleicht mal Gedanken gemacht, dass es ein absolutes asoziales Verhalten ist, was du hier an den Tag legst?«

Der Mercedeslenker blieb sitzen und ließ sein Fenster herunter. »Wird nicht mehr vorkommen. Ihre Belehrung ist bei mir angekommen«, sagte er vorsichtig.

Immer noch wütend stapfte Max zurück, setzte sich wieder vors Steuer und parkte ein. Der Mercedes fuhr ruhig an ihnen vorbei. An der Seite war ein langer Aufkleber mit Adresse und Firmenlogo angebracht. »Paukenschlager Immobilienentwicklung« war dort zu lesen. Maria Evita stutzte, als ihr dies ins Auge fiel. »Schaut's mal«, machte sie Max und Fäustl auf ihre Entdeckung aufmerksam.

»Ach was?!« Max' Augenbrauen hoben sich und er blinzelte dem Mercedes nach. »A bissal viel Paukenschlager heut, wenn ihr mich fragt. War das der Vater von den Alternative-Auswahl-Mädels, Vevi?«

»Keine Ahnung. Ich hab ihn bewusst noch nie live gesehen.«

Verwundert zog Max den Zündschlüssel. Die drei stiegen aus. Schräg gegenüber befand sich das große Gebäude der Kreissparkasse. Telefonisch hatte sich Fäustl bei Kaplan Seidlinger angekündigt.

»Danke fürs Mitnehmen.« Maria Evita deutete auf ein Haus, in dem sich im Erdgeschoss ein Optikergeschäft befand. »Da wohnt der Seidlinger im ersten Stock.«

Fäustl blickte zu den Fenstern hinauf, die anscheinend zur Wohnung des Kaplans gehörten. »Irgendwie dacht ich, dass der im Kloster wohnt.«

»Nein, warum auch? Er gehört zu keinem Orden. Altötting ist die erste Stelle vom Seidlinger und die bringen die jungen Kapläne immer hier in der kleinen Wohnung unter.« Sie sah Max an. »Lohnt es sich zu warten?«

Er schüttelte den Kopf. »Ich komm bei dir vorbei, wenn wir hier fertig sind.«

*

Auf dem Beifahrersitz rappelte sich Gregor wieder nach oben. »Ich hab für heute keinen Bock mehr auf Polizei.«

»Wenn du mir noch einmal ins Lenkrad greifst und auf meine Hupe drückst, schmeiß ich dich während der Fahrt bei Tempo hundert raus!« Paukenschlager blickte ärgerlich zur Seite. »Ich versteh dich nicht. Wenn du den Ermittlern nicht mehr begegnen willst, dann ist es nicht besonders hilfreich, sie von hinten anzuhupen.« Paukenschlager setzte den Blinker und bog in die Reischlstraße ab, da in der Bahnhofstraße jeder Zentimeter zugeparkt war und er den Polizisten nicht mehr über den Weg laufen wollte. Auf der anderen Seite waren die ausgewiesenen Parkplätze bereits belegt. Doch in Fahrtrichtung konnte er seinen Wagen zur Hälfte auf dem Gehsteig abstellen.

»Der Trottel von Kommissar kann nicht einparken.«

»Noch lange kein Grund, uns in diese Situation zu bringen.«

»Wer kann denn ahnen, dass dieses Arschloch gleich aussteigt?«, schimpfte Gregor.

»Du musst dich besser im Griff haben.«

»Sagt der Richtige.«

Paukenschlager wusste, dass es keinen Sinn hatte, mit Gregor weiterzudiskutieren. »Auf was haben wir uns jetzt offiziell geeinigt?«

»Dass ich ein liebes Kerlchen bin und du glücklich bist, dass deine Töchter so nette Mitbewohner haben.«

»Spinner!«, entfuhr es Paukenschlager.

»In etwas abgeschwächter Form. Du findest uns nicht mehr ganz so schlimm.«

»Ich finde euch unterirdisch! Aber dann spiele ich in der nächsten Runde, dass ich euch mag.«

»Is ja dann auch viel einfacher, wenn wir zusammen Geschäfte machen wollen.«

Paukenschlager wusste nicht, ob es auf dieser Straßenseite erlaubt war zu parken. Trotzdem entschied er sich, es zu tun. Sie brauchten sicher nicht allzu lange. Als er ausstieg, blickte er sich um, ob jemand vom Ordnungsamt in der Nähe war. Die Luft war rein. Gregor Pepkowski ging pfeifend voran Richtung Bahnhofstraße. Er schleppte einen gefüllten Jutebeutel mit sich, der ordentlich Gewicht hatte. Gregor schien keine Angst zu haben, dass die Polizisten ihm über den Weg liefen. Das große Gebäude der Kreissparkasse ließ er links liegen, schlenderte bis zu einem Optikergeschäft und sah auf die Klingelschilder. »Das ohne Namen im ersten Stock«, sagte Joe hinter seinem Rücken.

ZEHN MONATE ZUVOR

Tagebucheintrag

Nur der Besitzlose behauptet, dass Geld stinkt. Es ist wirklich nicht so übel, reich zu sein. Ehrlich gesagt: Es ist sogar fantastisch! Wir brauchen aber schleunigst eine Lösung wegen des Bargelds. Die Handwerker sind bezahlt. Die Baumarktrechnungen zahlen wir ebenfalls cash und versuchen, unsere Einkäufe zu stückeln. Also kaufen wir eben Armaturen und Badewanne einzeln. Unter tausend Euro akzeptiert die Kassiererin unsere Scheine.

Flo, Gregor, Elisabeth und Dirk gehen total auf in unserer Alternativen Auswahl. Sie sammeln Unterschriften, und wir treten tatsächlich bei der Kommunalwahl an. Keiner von uns ist Politiker. Aber es macht Spaß. Niki, Ronja, Noah und ich halten uns lieber bedeckt. Wir vier sind Genießer, die anderen Asketen. Manchmal fühlt es sich bei uns an wie Champagner gegen Apfelsaft – naturtrüb versteht sich.

VII. O JENER TAG, TAG DES ZORNS, DES UNHEILS, DES ELENDS

Ein Mann um die fünfzig mit ergrautem Haupthaar hatte Gregor und Joe die Tür geöffnet und sie mit österreichischem Akzent willkommen geheißen. Heinz war sein Vorname, und an der Wohnungstür baumelte ein herzförmiges Schild mit seinem Familiennamen: Hopfhanns. Er führte sie in eine grell beleuchtete kleine Stube, in der er seine Liebe zu Landhausmöbeln, Blattgold und anderen jodelnden Gegenständen auslebte.

Joe kannte dieses Zimmer schon, Gregor hingegen machte große Augen. »Musikantenstadel 2.0«, raunte er Paukenschlager zu.

In einer Ecke stand eine Vase mit Stoffblumen, und in der Luft hing ein schwerer, seifiger Duft, der sich mit frischem Gebäck mischte. Von den künstlichen Blüten konnte er nicht stammen. Gregor fragte sich, woher dann.

»Joe, Joe, Joe, es freut mich, immer wieder mit dir Geschäfte zu machen.« Hopfhanns sprach leise, zögerlich und nachdenklich, als würde er jedes noch so banale Wort genau abwägen, bevor es seinen Mund verließ. Er wies Gregor und Paukenschlager an, auf seiner Eckbank Platz zu nehmen. »Ist der Erblasser schon von uns gegangen oder dauert das noch?«, fragte Hopfhanns.

Gregor legte den vollen Jutebeutel auf den Tisch. »Gestern ist er über den Jordan gegangen. Wir haben also nicht mehr viel Zeit. Das sind seine Tagebücher, wegen der Handschrift.«

Hopfhanns erhob sich kurz und beugte sich vor, um danach zu greifen. Seine Hand zog ein schwarz eingebundenes Heft aus der Stofftasche. Er blätterte und überflog ein paar Seiten. »Ziemliche Sauklaue, der Gute.«

»Wird's schwer?«, erkundigte sich Paukenschlager.

»Nichts is unmöglich. Habt's ihr noch ein Vergleichsdokument wegen seiner Unterschrift?«

Gregor nahm eines der Hefte heraus und schlug die erste Seite auf. »Er hat immer seinen Namen reingeschrieben, wie ein Grundschüler. Glück für uns.«

»Wer von euch soll der Erbe werden?«

Gregor lächelte Paukenschlager an. »Ich lasse selbstverständlich dir den Vortritt.«

Aus einem der anderen Zimmer hörten sie die Klospülung rauschen, dann rief eine Frau durch die Wohnung. »Heinz, is das der Joe?«

»Ja!«, brüllte Hopfhanns.

Wenige Sekunden später stand eine verwelkte Schönheit im Zimmer. Sie trug ihre langen blondierten Haare, die einen ordentlichen dunklen Ansatz hatten, zu einem dicken Zopf geflochten, der ihr den Rücken hinunterbaumelte. So wie sie aussah, hatte sie in der letzten Zeit wohl keine guten Nächte gehabt. Ihr Gesicht wirkte verbraucht, ihr Eyeliner war zu dick aufgetragen, ihre Lippenstiftfarbe pink, und Gregor verstand mit einem Mal, woher dieser schwere Geruch in der Wohnung kam.

»Servas Joe!« Sie nahm Gregor ins Visier. »Wer bist nachher du?«

»Nenn mich Pep«, sagte Gregor knapp.

»Ich bin die Hedwig und kümmer mich hier um das Geschäftliche. Zahlst du, Joe, oder der Kleine?«

Paukenschlager deutete auf sich. »Das erledige ich. Intern rechnen wir später ab.«

»Wie schnell braucht ihr das Testament?«

»Gestern«, kam Gregor Joe Paukenschlager zuvor.

»Also Express«, sagte Hedwig und blickte Joe fragend an, der zu nicken begann.

»Dir ist klar, dass das diesmal mehr kostet, als eine popelige Unterschrift nachzumachen. Eine handschriftliche Din-A4-Seite kostet dreißigtausend Euro. Die Hälfte davon jetzt gleich, die andere Hälfte bei Abholung.«

»Ich hab so viel Geld nicht bei mir. Und ob die Bank …«

»Dann lass dir was einfallen. Heinz fängt erst an, wenn die fünfzehntausend angezahlt sind.«

*

Seidlinger entsprach nicht Max' Vorstellung eines Kaplans. Jedes Mal, wenn sich die Wege beider kreuzten, fragte er sich, wie lange Seidlinger wohl noch ein Diener Gottes sein würde. Der Kaplan machte nur während der Fastenzeit einen Hehl daraus, dass er gern nach Feierabend in den Altöttinger Kneipen zwei oder drei Absacker trank und dabei mit den Barkeeperinnen und Kellnerinnen flirtete. Es handele sich um »offensive Seelsorge«, der er in den gastronomischen Betrieben nachging, wie er sich selbst ausdrückte. Er öffnete ganz in Schwarz, wirkte aber nicht wie ein Kirchenmann, sondern vielmehr wie ein Armani-Model, da er stets auf taillierte Hemden Wert legte.

»Kommen S' rein, meine Herren.« Seidlinger trat beiseite und ließ Max und Fäustl passieren. Die drei Männer setzten sich in die kleine Küche, die Seidlinger garantiert in diesem Zustand von seinem Vorgänger übernommen hatte. Ein grünes Resopal-Wunderland der Siebzigerjahre. An der Seite stand ein gefülltes Weinregal, dessen untere Ebene mit zehn Flaschen Champagner einer bekannten Sorte bestückt war. Seidlinger war kein Kostverächter.

»Wollen Sie einen Schluck Rheingau-Riesling, den hab ich offen. Oder ist das verboten?«

»Wir sind im Dienst«, sagte Max.

»Das heißt also Nein? Sie verpassen ebbs. Wissen S', meine Herrn Kommissare, das ist meine allererste polizeiliche Vernehmung. Ich bin nicht besonders bewandert, was üblich ist und was nicht. Und so ein kleiner Schluck …«

Fäustl streckte sich. »Das ist nur eine Befragung, keine Vernehmung, gegen Gemütlichkeit ist nichts einzuwenden, aber lassen Sie uns gleich zur Sache kommen. Wein ist was für den Feierabend.« Fäustl legte sein Mobiltelefon auf den Tisch und erkundigte sich bei Seidlinger, ob es für ihn in Ordnung sei, wenn er das Gespräch aufzeichne. Der Kaplan gab durch ein Nicken zu verstehen, dass er damit einverstanden war, und Fäustl startete seine App.

Max musterte Seidlinger erneut, der aufrecht vor ihm saß. Warum und wie war dieser Dandy bei der Kirche gelandet? »Herr Kaplan, wann haben Sie den Glockenturm aufgesperrt, oder ist dieser immer freizugänglich?«

»Wenn ich das Gefühl habe, mich strafbar zu machen, dann brauche ich nix zu sagen, oder?«, antwortete Seidlinger mit einer Gegenfrage.

Max und Fäustl sahen einander überrascht an. »Wie meinen Sie denn das? Aber natürlich können Sie die Aussage verweigern.«

»Ach, was soll's«, seufzte Seidlinger. »Die Türe zum Treppenhaus war am Freitagvormittag schon offen. Ich glaube, dass ich sie bereits am Dienstag vergessen habe zuzusperren. Da leite ich die Ministrantenstunde, und ich bin mit den Mädels und Jungs zusammen in den Turm hoch. Ortsbegehung für das Karfreitagsratschen. Ansonsten hängt noch ein weiterer Schlüssel im Pfarrbüro, einen hat der Stadtpfarrer, einen die Pastoralreferentin und der Mesner hat auch einen. Ich bin mir nicht sicher, ob ich einen vergessen habe. Ach, der Frauenbund hat auch einen, und der wechselt öfter seine Besitzerin.«

Da es so viele Menschen in Altötting gab, die jederzeit Zutritt zum Turm hatten, würde es sehr schwer zu rekonstruieren sein, mit welchem Schlüssel sich der Täter Zugang verschafft hatte. Daraus ließ sich keine Spur basteln, stellte Max ernüchtert fest. »Am Karfreitag waren aber nur zwei Buben oben? Oder?«

»Die anderen sind mit den Eltern weg oder hatten etwas anderes vor. Ich bin schon froh, dass der Hill Christopher und der Durchner Luis Zeit hatten. Aber am Dienstag bin ich mit der ganzen Meute rauf und habe ihnen das Märchen von den fliegenden Glocken erzählt, die eine Wallfahrt nach Rom machen.«

»Und wo waren Sie in der Zeit, als die Kinder die Leiche entdeckt haben?«

»Da hab ich meine Aufsichtspflicht verletzt. Wird das jetzt Thema?«

»Also ich werfe nicht den ersten Stein.« Fäustl grinste.

»Wo waren Sie denn?«, hakte Max nach.

»Im Eiscafé und habe Spritz getrunken.«

»Am Karfreitag?«

»Fangen Sie auch noch damit an?« Seidlinger rollte mit den Augen. »Ich bin der Mann Gottes hier an diesem Tisch, und ich glaube nicht, dass ich wegen ein paar Aperol in der Hölle verglühen werde.«

»Für mich ist das überhaupt kein Problem.« Max lehnte sich zurück und konnte ebenfalls ein Grinsen nicht mehr unterdrücken. »Ist Ihnen am Dienstag im Turm etwas aufgefallen?«

»Nein.«

»Und waren Sie am Karfreitag noch mal oben?«

»Nein. Ich habe die Ministranten vor der Stiftskirche verabschiedet und mit ihnen ausgemacht, dass ich sie nach zwanzig Minuten dort wieder abhole. Die kannten ja den Weg. Ich hab ihnen meinen Schlüssel zur Sicherheit in die Hand gedrückt. Als ich ihn dann in dem Tumult vor der Stiftskirche wieder eingefordert habe, meinte der Durchner Luis, ob ich das letzte Mal das Absperren vergessen hätte, weil die Tür eben schon offen stand. Seither mache ich mir echt Vorwürfe, ob ich so den Selbstmord nicht mitverschuldet habe.«

»Glauben Sie mir, das haben Sie nicht.« Max nahm einen tiefen Atemzug. »Warum sind Sie nicht mit rein?«

Seidlinger begann, seine Daumen zu drücken, und blickte zum Fenster, als sehne er sich nach der Freiheit. »Weil der Frauenbund drinnen eine Messe und das Händel-Halleluja geprobt hat.«

»Aha.« Max verstand nicht, wieso das ein Problem für Seidlinger darstellte. »Und dann sind Sie lieber Spritz trinken gegangen?«

»So ist es.«

Fäustl wurde neugierig. »Singt der Frauenbund so schlimm? Oder warum wollten Sie den Damen nicht begegnen?«

»Die gehen mir sauber auf die Nerven! Sobald die mich entdeckt hätten, wären die mir an der Backe geklebt.« Seidlinger massierte seine Schläfen, als würden ihn Kopfschmerzen plagen. »Seitdem ich in Altötting meine Stelle angetreten habe, bekomme ich täglich Einladungen von irgendwelchen Frauenbundlerinnen. Die einen wollen dieses, die anderen jenes. Dann soll ich dauernd Kuchen probieren für irgendeinen Wohltätigkeitsbasar. Ich kann keinen Rührkuchen mehr sehen! Und die Frauen sind, wie sagt man so schön: *touchy!*«

»Sie können also ihre Finger nicht im Zaum halten?«, präzisierte Fäustl das eben Gehörte.

»So ist es. Die umarmen mich jedes Mal zur Begrüßung. Gruppenkuscheln ist ein Scheißdreck dagegen! Ich will Ihnen mal was sagen: Der Pfarrer ist der ärmste Hund, wenn er zum Frauenbund muss.«

Max war wie elektrisiert, denn ihm war von einer Sekunde zur nächsten ein springender Punkt aufgefallen, den er bisher übersehen hatte. »Moment amal!«

Fäustl und Seidlinger wandten die Köpfe.

»Moment amal«, sagte Max erneut.

Seidlinger sah ihn erschrocken an. »Habe ich etwas Strafbares g'rad von mir gegeben?«

»Der Frauenbund war die ganze Zeit in der Stiftskirche? Wie lange?«

»Sicher an die zwei oder drei Stunden.«

»Das heißt, dass die unten gesungen haben und ein paar Stockwerke drüber baumelt zeitgleich der Benner.«

»Der hatte kein schönes Ende«, senkte Seidlinger seine Stimme.

*

Irene Rauch machte sich Sorgen, weil ihre Anrufe und Nachrichten unbeantwortet blieben. Flo war seit zwei Tagen nicht mehr online gewesen. Das war nicht seine Art. Er war zuverlässig und diskret, verstand ihre Situation, und wären sie sich früher im Leben begegnet, hätten beide sicher trotz des Altersunterschieds geheiratet. Flo war zweiunddreißig und somit vierzehn Jahre jünger, aber das war nie ein Thema zwischen ihnen. Als ihr Telefon klingelte und sie seinen Namen auf dem Display las, fiel Irene ein Stein vom Herzen. »Ich hab mir verdammte Sorgen gemacht!«

»Öffne bitte. Ich steh schon unten vor der Tür.«

Irene ging den Flur entlang, ihr Herz klopfte bis zum Hals, und drückte den Türöffner. Durch ihr Treppenhaus hallte ein Klicken und sie hörte, wie Flo im Erdgeschoss das Haus betrat. Seine Schritte drangen herauf, sie wartete im Türrahmen und endlich stand er vor ihr. Irenes Anspannung war verschwunden.

»Hey, Babe«, sagte Flo, beugte sich zu ihr und küsste sie; es war ein inniger, fordernder Kuss. Sie zog ihn herein, und Flo küsste sie immer wieder. An seinem Gesichtsausdruck konnte sie ganz genau ablesen, was folgen würde. Sie hatte nichts gegen diese Zeichen einzuwenden, Zeichen, die ankündigten, was Flo wollte: sein flehender Blick, seine Hand an ihrer Wange und seine Finger, die sich ihren Weg unter ihren Pullover bahnten. In ihr wuchs das triebhafte Verlangen, sich selbst und Flo auszuziehen. Noch im Hausgang fielen beide übereinander her. Als ihre Körper nach unten glitten, wurden sie von dem umherliegenden Kram aufgefangen. Sie fühlte seine Hände auf ihrer Haut.

»Ich hab dich so vermisst. Wo bist du gewesen?«, flüsterte sie mit matter Stimme in sein Ohr.

Er ließ sich dadurch in seinem Tun nicht unterbrechen. »Die Polizei hat mich festgehalten. Johannes ist tot«, sagte er gleichgültig, immer noch mit ihrem BH beschäftigt.

Abrupt hielt sie inne. »Wie?« Irene konnte sich nicht weiterbewegen.

»Aufgeknüpft in der Stiftskirche.«

Ihre Hände waren auf einmal taub. »Wir haben ihn umgebracht …«

*

Die Bierflaschen klirrten, und Paukenschlager nahm einen kräftigen Zug. Das Bitteraroma des Hopfens hatte noch nie so gut und auch noch nie so intensiv geschmeckt, bildete er sich ein. Der Inhalt verschwand ohne abzusetzen in seiner Kehle. Er blickte auf den Garten seines Anwalts. Leander und Gregor Pepkowski lachten und beeilten sich, seinen Trink-Vorsprung einzuholen. Die drei standen vor einem Schwimmteich auf der hölzernen Liegefläche. Die Pflanzen im Garten zeigten ihr erstes Grün und wirkten so zuversichtlich wie ihre Stimmung.

»Du hast ganz schön Durst«, zollte Gregor ihm Respekt.

»Nach getaner Arbeit ist der erste Schluck immer der beste«, scherzte Paukenschlager. »Das muss man ausnutzen.«

Leander reckte seine Flasche in die Mitte. »Auf die Zukunft!«

Gregor und Paukenschlager wiederholten den eben gehörten Satz, leerten die letzten Tropfen und tauschten die Flaschen gegen volle aus dem bereitgestellten Bierkasten aus. Leander ging zu seinem Schuppen, der zwischen dem alten Wohnhaus und dem Schwimmteich lag, und kam mit einem Luftgewehr und einer zerbeulten, leeren, gelben Bierdose zurück. »Ich box euch das durch. Vor ein paar Jahren hat Benner mich um Beistand bei seiner Testamentsänderung gebeten.« Während Leander sprach, lud er das Gewehr.

»Wenn das von einem Anwalt kommt, ist das glaubhaft«, sagte Gregor. Er ließ seinen Blick wieder über das Anwesen schweifen. »Ich würde das hier nicht aufgeben.«

»Wieso?« Leander wirkte verwundert. »Meine Frau und ich leben hier nur zur Miete. In unserem Alter wird es Zeit für die eigenen vier Wände. Der Keller ist feucht.« Er warf die Dose ins Wasser.

»So sehe ich das auch.« Paukenschlager hob sein Bier. »Du hast dir dein eigenes Heim auch verdient.«

»Und eins sag ich dir: keine Doppelhaushälfte, nur frei stehend und keinen Gregor als direkten Nachbarn.« Leander legte an und zielte.

Gleichgültig sah Gregor ihn an. »Ich werde meins eh gleich verkaufen. In Altötting hält mich nichts mehr. Da vermisse ich nix. Keine Ahnung, wo es mich nach meinem Abschluss hin verschlägt. Dieser Lebensentwurf ist ja nicht auf die Ewigkeit ausgerichtet.«

Leander drückte ab. Die Dose gab ein dumpfes, metallenes Geräusch von sich.

»Blattschuss.« Gregor streckte seine Hand aus, und Leander gab das geöffnete Gewehr an ihn weiter. Aus seiner Tasche zog er eine Büchse mit Luftgewehrkugeln, aus der sich Gregor bediente. »Wirst du Joes Töchter echt nicht vermissen?«

»Nein, das mit Niki ist beendet.«

Paukenschlager, der gerade aus seiner Flasche trinken wollte, fror in der Bewegung ein. Sein Gesichtsausdruck war ernst. »Konsumiert ihr eigentlich alle?«

»Du kennst doch deine Töchter.«

»Ich will es trotzdem hören.«

»Nein, tun sie nicht.« Gregor hob den Lauf an. »Keiner von uns. Wir sind doch nicht bescheuert!« Er schoss, und die Dose taumelte auf der Wasseroberfläche. »Johannes hat damit nur seinen Umbau finanziert.«

»Wie tief hast du Niki mit reingerissen?«

Gregor schwieg und gab Leander ein Zeichen, dass er eine neue Kugel wollte.

»Sei verdammt noch mal ehrlich!« Paukenschlagers Stimme ließ keinen Zweifel daran, dass es ihm ernst war und er sich um seine Töchter große Sorgen machte.

»Gar nicht. Wir haben die Mädchen rausgehalten. Die wussten davon nix. Ich hatte Niki wirklich lieb.«

»So blöd sind meine Töchter nicht, dass sie nicht wissen, dass nebenan sonst was getrieben wird.«

»Niki, Ronja und Elisabeth waren natürlich neugierig, aber wir haben ihnen zu verstehen gegeben, dass es besser ist, wenn sie aufhören nachzubohren. Dirk und Noah sitzen nicht im Knast, weil sie so unvorsichtig beim Verticken gewesen sind, sondern weil sie sich in der Klinik blöd angestellt haben. Den Verkauf kann die Polizei uns nicht anhängen, und der Hauptverdächtige ist tot. Bingo!«

»Ermordet, nicht einfach nur tot.« In Paukenschlagers Gesicht zeigte sich, dass er an Gregors Erörterung starke Zweifel hegte. »Glaubst du ehrlich, dass ihr alle so einfach aus der Sache rauskommt?«

Leander beantwortete seinen fragenden Blick. »Die Dube-Jungs haben Benner unterstützt. Die machen beide eine Ausbildung zum Krankenpfleger, weil sie nicht den Abi-Schnitt für Medizin hatten. So war das für die drei anfangs ganz easy mit dem Chrystal-Kochen, bis ihnen die Klinik draufgekommen ist. Die Polizei hat kaum Aussagen von Konsumenten. Und Geschwafel von Junkies ist immer mit äußerster Vorsicht zu bewerten. Alles konzentriert sich auf Benner und die zwei

Dubes. Und mit ein bisschen Geschick sind die auch bald draußen. Alles bleibt an Benner kleben. Dankt dem Schicksal auf Knien, Jungs.«

»War's einer von euch?« Unsicherheit lag in Paukenschlagers Augen.

»Ich nicht«, sagte Gregor schnell. »Und selbst wenn, dann würde ich es sicher nicht dir erzählen.«

»Wer is es dann gewesen?«

»Ich glaube, dass die Polizei sich täuscht. Johannes ist alles über den Kopf gewachsen. Der wollte aufhören mit dem Chrystal-Geschäft. Ich fand die Idee gut. Und dann hat er eben komplett Schluss gemacht: mit dem Chrystal, mit den Frauen, mit seinem Leben, einfach mit allem. Im Endeffekt war er doch nicht ganz sauber im Schädel. Ich habe ihn als verdammten Sonderling kennengelernt. Kein Wunder, dass er grundsätzlich an die falschen Frauen geraten ist.« Mit dem Zeigefinger tippte sich Gregor mehrmals hintereinander an die Schläfe. »Ich geh erst mal auf Weltreise, wenn das alles hier vorüber ist.« Er gab das geladene Luftgewehr an Paukenschlager weiter.

Am Schwimmteichrand ungefähr fünf Meter entfernt von den Männern badete ein Spatz. Sein Köpfchen reckte er in die Höhe und spreizte dabei seine Flügel. Joe Paukenschlager setzte an. Er betätigte den Abzug und es klickte. Mit einer unsichtbaren Wucht wurde der kleine Vogel nach hinten gerissen und sein Köpfchen bestand nur noch aus rotem Matsch.

Gregors Körper zuckte. »Alter, bist du noch ganz bei Trost? Du kannst doch nicht einfach dem unschuldigen Vögelchen die Lichter ausblasen.«

»Siehst du doch«, sagte Paukenschlager ungerührt.

Leander schüttelte den Kopf. »Joe, du bist echt irre.«

*

Der Blick durch den Türspion hatte ihm schon deutlich hübschere Anblicke beschert. Seine Nachbarin hatte die Angewohnheit, nicht nur zu klingeln, sondern, da sie grundsätzlich wusste, wann er zu Hause war, auch zu klopfen und dabei seinen Namen zu rufen. Seidlinger zwang sich zu einem freundlichen Gesicht. Als er öffnete, bekam die Frau ein Glänzen in den Augen, als wäre eben für sie die Sonne aufgegangen.

»Hedwig, was für eine schöne Überraschung. Was kann ich für dich tun?«

Die ältere Frau hatte einen langen Zopf und spielte mit diesem, als wäre sie wieder fünfzehn Jahre alt und Seidlinger ihre erste Liebe. »Ich hab für den Heinz frische Buchteln g'macht und wollt fragen, ob 'st ned schnell zu uns rüberkommen magst. Es reicht für drei.«

»Ich hab grad gar keine Zeit. Die Predigt für Montag schreibt sich nicht von allein.«

»Jeder muss amal Pause machen. Vorher hamma eine Flasche Champagner auf'gmacht. Die passt hervorragend zu den warmen Buchteln. Komm, ein Schluckal geht doch immer.«

Als Seidlinger das Wort Champagner hörte, katapultierte dies seine Stimmung meilenweit nach oben. »Stimmt. Später kann ich auch noch schreiben.« Mit seiner Hand betastete Seidlinger seine Hosentasche, vergewisserte sich nach dem Haustürschlüssel, dann trat er auf den Gang und folgte Hedwig in die Wohnung gegenüber. Der Duft von Frischgebackenem mischte sich mit schweren Flieder- und Veilchenaromen zu einem sonderbaren Cocktail. Kurz hielt Seidlinger die Luft an, bis er auf der Eckbank in der guten Stube seiner Nachbarn Platz genommen hatte. Auf Schulterhöhe befand sich ein Gebinde aus Kunstblumen, und neben ihm auf der Bank lag ein Jutebeutel, der auf den ersten Blick mehrere Heftchen enthielt. Heinz, sein Gastgeber, begrüßte ihn nahezu überschwänglich. Sein Gesicht war rot, und Seidlinger vermutete, dass es nicht die erste Flasche Champagner an diesem Tag für ihn war. Kaum dass drei Sekunden verstrichen waren, hatte er schon ein gefülltes Sektglas vor sich. Die goldene Flüssigkeit prickelte verführerisch, und als Heinz mit ihm anstieß, entspannte Seidlinger sich beim ersten großen Schluck. Ja, die Störung durch seine Nachbarin war diesmal wirklich willkommen.

»Ex oder nie mehr …« Heinz sprach nicht weiter.

»Na, auf geht's«, ermunterte ihn Seidlinger, seinen Satz zu vollenden. »Mir is nix fremd.«

Nachdem Heinz seine Hemmung durch heftiges Schlucken überwunden hatte, erhob er das Glas. »Sex!«

Seidlinger tat es ihm gleich, und beide stürzten den Champagner hinunter, als gäbe es kein Morgen.

Ohne abzuwarten, schenkte Heinz nach. »Ich hab vorher ein gutes G'schäft g'macht«, erklärte er. »Wir haben noch a paar Flaschen eingekühlt.« Genüsslich rieb er sich die Hände.

Nun schob Seidlinger seinen Schreibplan endgültig beiseite. Die Montagspredigt musste warten. Er hörte, wie Hedwig in der Küche den Backofen öffnete, und der Duft in der Wohnung wurde intensiver. Plötzlich polterte es und Hedwig begann, in einer Lautstärke zu schimpfen, dass es sicher das gesamte Haus mitbekam. »Kruzinesen, ja so ein Unglück. Kreuz, Birnbaum und Hollerstauern …«

Heinz stand auf und entschuldigte sich schulterzuckend. »Ich schau besser mal nach, was passiert ist.«

Die Schimpftirade, die aus der Küche an Seidlingers Ohr drang, wollte kein Ende nehmen, obwohl Heinz immer wieder beschwichtigende Worte einstreute.

»Die guten Buchteln«, wimmerte Hedwig. »Des is mir noch nie passiert, aber es war auf einmal so heiß an den Fingern, dass ich es nimmer hab halten können, und beim Abstellen is es mir dann aus der Hand g'rutscht. So ein Elend!«

»Mei, dann trink ma halt mehr.«

»Jetzt kann ich unserem Gast nix anbieten.«

»Ich bin auch bloß mit dem Schampus zufrieden«, erhob Seidlinger seine Stimme, dass sie ihn bei dem Chaos in der Küche verstehen konnten. Aus der anhaltenden Geräuschkulisse schloss Seidlinger, dass sich seine Nachbarn ans Aufräumen machten. Er gönnte sich den letzten Rest aus der Flasche und ließ seinen Blick umherschweifen. Mann, war das hier alles hässlich! Gold, rosa, Plastikblumen und sonstiger Flitter leistete ihm in diesem Raum Gesellschaft. Seine Finger stießen an den Jutebeutel neben seinem Oberschenkel, woraufhin dieser umkippte. Mehrere Heftchen rutschten wie Dominosteine auf die Sitzfläche. Neugierig klappte er das erste auf. Der handschriftliche Namenszug von Johannes Benner leuchtete ihm entgegen. Diesen Namen hatte er doch schon einmal gehört. Benner, Benner, Benner … Es durchfuhr Seidlinger wie ein Starkstromschlag. Das war doch der Tote aus der Stiftskirche! Erneut warf er einen Blick auf die Schrift und blätterte um. Was machten die Tagebücher des Toten bei seinen Nachbarn auf der Eckbank? Mysteriös.

ACHT MONATE ZUVOR

Tagebucheintrag

Ich bin es leid, mich rechtfertigen zu müssen. Klar kann das alles nur funktionieren, wenn wir untereinander offen sind und wirklich gleichberechtigt. Aber mir gehört schließlich alles, und am Ende des Tages muss ich den Kopf hinhalten. Ich hab keinen Bock mehr auf heimliche Nachtschichten und die Assos auf unserem Hof, denen Noah und Dirk das Zeugs verkaufen. Ich will meine Ruhe! Ich glaube, ich möchte ein spießiges Leben. Vor den Mädels können wir das alles bald nicht mehr geheim halten. Es reicht.

Ich habe ein Angebot von Niki und Ronjas Papa. Mir würde es das Herz brechen, wenn ich sehen müsste, dass die zwei schönen alten Häuser meiner Oma durch seelenlose Neubauten ersetzt werden. Das geht gar nicht! Niki und Ronja finden das auch. Ihr Papa ist ein Geier, sagen sie, der früher äußerst brutale Erziehungsmethoden hatte.

Was ich mir allerdings vorstellen könnte, wäre, unsere zwei angrenzenden Äcker zur Produktion von Solarstrom zur Verfügung zu stellen und alle an den Häusern zu beteiligen. Dann müsste ich nicht mehr diskutie-

ren, und genügend Einnahmen fürs Konto wären auch verfügbar. Flo will die Äcker aber unbedingt behalten. Jegliche Idee zu einer anderen Nutzung, als dass sie an den Kamiller-Bauern verpachtet bleiben, stößt bei ihm auf taube Ohren. Ich bin einfach kein Typ für ein Machtwort. Warum können wir nicht friedlich miteinander auskommen? Meine Freunde sind nach wie vor die Familie, die ich mir ausgesucht habe. Trotzdem finde ich Kommunismus inzwischen scheiße!

VIII. O TAG, SO GROSS UND SO BITTER

Max sah auf seine Armbanduhr. Genau siebzehn Uhr. Es war ungewohnt, auf dem Altöttinger Kapellplatz zu stehen und zur vollen Stunde keine Glockenschläge zu vernehmen. Erst Morgen in der Früh würde es wieder von allen Seiten scheppern. Maria Evita hatte am Telefon versprochen, sofort aus der Wohnung runterzukommen.

Fäustl hatte sich zu den Männern der Spurensicherung gesellt. Sie suchten gerade alle Abfalleimer, die Rasenflächen, Gebüsche und Pflasterritzen nach einem vermeintlichen Tatwerkzeug ab, mit dem Benner ermordet worden war, bevor ihn der Täter am Balken aufgeknüpft hatte. Der Spusi-Toni, wie der Abteilungsleiter intern genannt wurde, kam auf ihn zu. »Servus, Fritz.«

»Servus. Gibt's scho was Neues?«

Der Spusi-Toni blähte sein Backen, staute seinen Atem und ließ diesen explosionsartig aus dem Mund heraus. Er wirkte genervt. »Nada, den zweiten Tag in Folge. Gar nix. Es ist frustrierend. Keine Schnur, kein Seil, kein Expander oder Spanngummi und auch kein Geschenkbandel. Nichts, womit man einen Mann erdrosseln könnte. Schaut so aus, als hätte der Mörder alles wieder mitgenommen. Meiner Meinung nach ist das Ganze sehr genau geplant gewesen, als hätte er nach seinem Tun das Uhrwerk noch einmal feucht durchgewischt.«

»Das denk ich auch. Allein die akkurat geschnürte Galgenschlinge.«

»Die ist mir gestern schon aufgefallen, Fritz. Obwohl ich da noch an einen Suizid geglaubt habe. Wie ich den Strick in Augenschein genommen hab, dacht ich mir – oh da wollte einer sein Ableben aber stilecht inszenieren.«

»Genau! Dieses Wort ist dem Kramer und mir auch eingefallen: inszenieren.«

»Warum will der Mörder, dass es ausschaut, als hätte sein Opfer in der Stiftskirche Selbstmord begangen?«

»Wenn ich das wüsste, dann wüsste ich vielleicht auch schon, wer's war. Wir vermuten, dass es irgendeiner seiner Mitbewohner gewesen ist. Aber uns fehlt einfach die heiße Spur. Auf der einen Seite ist diese dubiose Drogengeschichte und auf der anderen hab ich im Urin, dass das gar nix mit dem Tod zu tun hat.« Über der Schulter des Spusi-Tonis entdeckte Fäustl in vierzig Metern Entfernung das Schild des Eiscafés Cortello und seine Augen verwandelten sich binnen einer Millisekunde in einen schmalen Schlitz.

»Was überlegst?«, wollte der Spusi-Toni wissen, denn ihm war Fäustls Gesichtsentgleisung nicht entgangen.

»Die Tochter von den Betreibern da drüben gehört zum erweiterten Kreis der Verdächtigen.«

»Echt, die Cortello?«

»Sie hat für alle, die sich auf dem Kapellplatz am Karfreitag in der Früh getroffen haben, noch Kaffee geholt. Aber das Opfer hat den für ihn bestimmten nicht mehr trinken können, denn der Hals war da schon zu.« Seine letzten Worte kamen Fäustl kaum noch über die Lippen, und mit seiner Hand klatschte er sich zeitgleich gegen die Stirn. »Komm mal mit«, sagte er bestimmend. Mit dem Zeigefinger deutete Fäustl auf die Eisdiele Cortello.

»Fritz, ich mag jetzt kein Gelato, obwohl die ein richtig gutes Zitrone-Basilikum-Eis haben.« Abschätzig hob der Spusi-Toni seine Oberlippe. »Ich kann keine Pause machen, während meine Jungs hier noch umherwuseln.«

Der ausgefahrene Finger wackelte. »Lecko mio … da hängt doch eine kleine Überwachungskamera.«

»Was?« Der Leiter der Spurensicherung drehte sich um. »Wo?«

»Am Hauseck knapp oberhalb der Markise und des Schilds. Wie die in dem Winkel herunterschielt, zeichnet die mehr auf, als das erlaubte eigene Grundstück.«

»Tatsache«, staunte der Spusi-Toni. »Höchst illegal.«

Die Schrittlänge der beiden Männer wurde größer.

»Von meinem Standpunkt aus betrachtet, kann die Kamera das Geschehen vom halben Kapellplatz einfangen«, staunte der Spusi-Toni.

Vor dem Lokal saßen drei Gäste einzeln an runden Metalltischen verteilt und schlürften Espresso oder löffelten an einem Eisbecher. Alle beobachteten das Schauspiel, das die Spurensicherung veranstaltete. Ohne zu grüßen, gingen Fäustl und der Spusi-Toni an ihnen vorbei, hinein zum Tresen, hinter dem der Chef, Alberto Cortello, stand und in einer Zeitschrift blätterte. Unauffällig hatte Fäustl bereits seinen Dienstausweis aus der Jacke geholt. Die Männer kannten sich flüchtig. Fäustl wollte kein Aufsehen erregen. Darum näherte er sich Cortello, der ihn verwundert anblickte, und sprach so leise, dass es die Gäste draußen nicht mitbekommen konnten. »Herr Cortello, geh ma bitte mal in Ihr Büro.«

*

Leander kam mit einer Schaufel zurück. »Du machst diese Sauerei gefälligst selber weg.«

Paukenschlagers Blick verharrte auf den Überresten der Vogelleiche. »Wo?«

»Entsorg das Ding hinten auf dem Kompost oder in der Biotonne im Schuppen. Mir egal, nur pronto! Ich will das nicht länger in meinem Garten anschauen müssen.«

Gregor nippte an seiner Bierflasche und hatte dem Geschehen den Rücken zugekehrt. »Kein Wunder, was Niki und Ronja über dich sagen«, nuschelte er leise, aber bewusst so deutlich, dass Joe Paukenschlager es mitbekommen musste.

»Was denn?« Paukenschlager griff nach der Schaufel in Leanders Händen.

Nun drehte sich Gregor um. »Dass du als Vater unberechenbar gewesen bist.« Seine Pupillen bohrten sich in Joes Augen.

Leander war sich nicht sicher, ob es zwischen den beiden Männern gleich zu Handgreiflichkeiten kommen würde. Sein Blick wanderte unstet zwischen Gregor, Joe und der Schaufel hin und her. Plötzlich schulterte Paukenschlager diese und ging lachend auf die andere Seite des Schwimmteichs, um die Federn und Körperteile des Spatzen einzusammeln. »Deswegen haben wir beide uns von Anfang an so gut verstanden.« Er hielt inne. »Reiz mich nicht zu viel, Kleiner, sonst steck ich meinen Töchtern doch noch, dass du ein doppeltes Spiel treibst.«

»*Noch* ist das Geschäft nicht gemacht«, entgegnete Gregor trotzig.

»Es gibt auch *noch* kein Testament, wenn ich dich daran erinnern darf.« Paukenschlager bückte sich und griff mit abgespreiztem Daumen und Zeigefinger nach dem Vogelflügel.

»Es reicht«, rief Leander Tattenbach entschlossen. »Entweder ihr vertragt euch oder ich bin raus. Und dann könnt ihr schauen, wie ihr das alles über die Bühne bringen wollt. Erinnert euch bitte daran, dass ihr euch mal gemocht habt.«

Paukenschlager legte den Korpus auf der Schaufelfläche ab. »So schnell kann's geh'n.« Das Häufchen aus Federn und Fleisch schien ihn nicht zu ekeln. Ohne seinen Blick davon zu wenden, sagte er lächelnd: »Ich werd doch nicht den Ex meiner Tochter verpfeifen, egal, was du angestellt hast. Schließlich hast du mal zur Familie gehört.« Paukenschlager blickte zwischen dem toten Vogel und Gregor hin und her und grinste dabei.

»Was unterstellst du mir?«

»Gar nix.«

»Was soll der Scheiß mit dem ›egal, was du angestellt hast‹?«

»Ihr nervt«, mahnte Leander.

Paukenschlager hob die Schaufel an in Richtung Gregor. »Vielleicht hast du den Benner ja auf dem Gewissen?«

»Das nenne ich mal die Fakten außer Acht lassen. Du bist mit dem Plan zur Testamentsfälschung auf mich zugekommen, nicht umgekehrt. Ich hab bloß die verdammten Tagebücher besorgt.«

»Stimmt, aber da war der Benner schon tot.«

»Ich hab auf den Johannes die ganze Zeit über eingewirkt, dass du dein Projekt durchziehen kannst. Mehr nicht! Ich bring doch niemanden wegen eines Hauses um, du Depp!« Gregor tippte sich mit dem Zeigefinger an die Stirn. Paukenschlager ließ die Schaufel sinken und zeigte ihm den Mittelfinger.

»Haltet die Klappe! Und Joe, hau endlich ab!« Leander hatte genug von diesem Kindergarten.

*

»Ohne Schmarrn, mir ist es wurscht, ob Sie nur ihr eigenes Grundstück oder das Geschehen auf öffentlichem Grund aufzeichnen. Wirklich vollkommen egal! Ich werde das nicht zur Anzeige bringen. Wir dürfen es bei Gericht eh nicht verwenden.« Innerlich zuckte es in Fäustl, denn das konnte nun endlich der Wink des Schicksals sein, den er so sehr herbeigesehnt hatte. Trotzdem wählte er seine Worte ruhig und gelassen, denn sein Gegenüber schien kurz vor einem Herzinfarkt zu stehen.

Cortello gestikulierte weiter. Sein Hemd war unter den Achseln bereits nass, sein Gesicht hochrot. »Mir war das irgendwann zu blöd, dass sich Nachtschwärmer bei uns auf die angeketteten Stühle gesetzt und hier ihren Müll hinterlassen haben oder dass irgendwas wieder kaputt war. Ich wollte wissen, wer das ist. Seitdem ich die Kamera installiert habe, hatte ich keinen Vorfall mehr.«

»Sie haben mein vollstes Verständnis. Bitte überlassen Sie mir Ihre Aufnahmen von Freitag in den frühen Morgenstunden bis etwa mittags. Das ist keine zweiundsiebzig Stunden her und sicher noch im System gespeichert.«

Schweigend lehnte der Spusi-Toni an der Wand des Büros und beobachtete Cortello, der von Sekunde zu Sekunde unruhiger wurde. »Polizeihauptmeister Fäustl gibt Ihnen sein Ehrenwort«, sprang Toni Staudt seinem Kollegen zur Seite. Auch er wollte nicht mit Konsequenzen drohen. Durch Freundlichkeit kam man meist schneller ans Ziel.

Cortello seufzte und wies auf einen Computer in der Ecke. »Ich habe aber keine Ahnung, wie ich die Videoaufzeichnungen verschicke. Wenn ich was nachschauen will, mache ich das immer hier mit dem installierten Programm.«

Fäustl nickte dem Spusi-Toni zu, der sich umgehend auf den Bürostuhl vor dem Rechner setzte. »Bitte fahren Sie den für mich hoch und geben das Passwort ein.«

Cortello zögerte.

Fäustl klopfte ihm auf die Schulter. »Wir werden auch in keinen Abrechnungs- oder Kassendateien stöbern oder einen heimlichen Blick auf Ihre Korrespondenz werfen. Das interessiert uns alles nicht. Versprochen! Sie helfen uns sehr und können damit auch den Verdacht gegen Ihre Tochter ausräumen.«

Das wirkte. Cortello ließ sich nicht mehr lange bitten und beugte seinen Rücken über die Tastatur.

*

Seidlinger überlegte fieberhaft, ob er das Richtige getan hatte. Vielleicht war es das Zeichen, auf das er als Zweifelnder so lange gewartet hatte. Manchmal waren die zehn Gebote hinderlich. Das musste er endgültig einsehen und Konsequenzen aus dieser Erkenntnis ziehen. Er war garantiert als verheirateter Religions- oder Ethiklehrer besser aufgehoben denn als Kaplan. Und sein Verhältnis zum Frauenbund hätte sich damit auch erledigt. Bingo!

Nachdem ihm das ganze Tohuwabohu seiner Nachbarn in der Küche zu lange gedauert hatte, war er aufgesprungen, hatte, ohne lange nachzudenken, nach dem Jutebeutel mit dem verdächtigen Inhalt gegriffen und das Haus verlassen. Hedwig und Heinz hatten keine Notiz davon genommen und weiter über die Buchteln auf dem Fußboden gejammert. Nun stand er an der Kreuzung hinter der Stiftskirche beim Tillyplatz und versuchte, seine Gedanken zu ordnen, die vollkommen wirr in seinem Champagner getränkten Hirn hin und her flogen. Seidlinger erinnerte sich an die Visitenkarte, die ihm Oberkommissar Kramer bei seinem Besuch in die Hand gedrückt hatte. Sie steckte bei ihm in der Gesäßtasche, ebenso wie das Mobiltelefon. Hastig tippten seine Finger die Nummer ab.

»Kramer.« Am anderen Ende meldete sich eine menschliche Stimme, die nicht zu einer Mobilboxansage gehörte.

»Hier Kaplan Altötting, also Seidlinger. Sie wissen schon.«

»Ist Ihnen noch was eingefallen?«

»Nein, ich hab da was. Das müssen Sie sehen. Können Sie noch mal zu mir kommen?«

»Tatsächlich bin ich nach wie vor in Altötting. Treffen wir uns doch gleich. Ich stehe auf der Straße beim Devotionalienhandel Unterprammer.«

Seidlinger setzte sich in Bewegung. »Was für ein Zufall. Schauen Sie mal Richtung Tillyplatz. Ich bin in einer Minute bei Ihnen.« Er beendete das Gespräch und beschleunigte seine Schritte. Nach wenigen Metern entdeckte er den Kommissar zusammen mit einer jungen Frau, die ihm bekannt vorkam. Woher kannte er das Gesicht? Seidlinger musste zweimal hinsehen. Schlagartig wurde ihm bewusst, dass es sich um Schwester Maria Evita handelte, die ihren Habit nicht mehr trug. In Jeans und Kapuzenpulli hatte er sie noch nie zu Gesicht bekommen. Vor Neugierde, was das zu bedeuten hatte, fiel Seidlinger in eine Art Laufschritt. Den Jutebeutel mit den Tagebüchern hielt er in beiden Händen und drückte ihn Max in die Hand, als er vor ihm stand. Mit einer Begrüßungsfloskel wollte Seidlinger sich nicht aufhalten. »Nur noch einmal zur Sicherheit: Der Tote in der Stiftskirche hieß schon Johannes Benner, oder?«, fragte er keuchend.

Max nickte.

»Ich wollte nur sichergehen. Das da«, er deutete auf den Beutel, »sind seine Tagebücher.«

Vor Überraschung entglitt Max das Mitbringsel des Kaplans und mehrere kleine Papierhefte verteilten sich auf dem Kies. »Woher haben Sie denn die?«

Der Kaplan machte eine abwehrende Geste. »Da sage ich gleich was dazu.« Seidlinger wandte sich an Maria Evita. »Warum hast du denn deinen Habit ausgezogen? Bist du ausgetreten?«

»Um bei der Wahrheit zu bleiben, ich bin rausgeschmissen worden.«

»Hervorragende Entscheidung!« Der Daumen Seidlingers ging nach oben.

Maria Evitas Augenbrauen hoben sich. »Hast du mich auch für eine schlechte Novizin gehalten?«

»So hab ich das nicht gemeint. Aber so ist es besser. Das ist sogar super für dich! Glaub mir.« Seidlinger bückte sich, um gemeinsam mit Max Benners Tagebücher aufzuheben. »Mir reicht es auch. Morgen kündige ich und dann mach ich erst mal eine Radltour in der Champagne.«

Maria Evita überlegte, wie wahrscheinlich es war, dass ihr Exkollege Seidlinger dies alles ernst meinte. Natürlich wusste sie, wie sehr er immer wieder an seiner Entscheidung zweifelte, als Mann Gottes zu leben, aber gleich alles hinschmeißen, da war der Kaplan nicht der Typ dazu.

»Du spinnst doch«, sagte Maria Evita, als würde sie laut denken. »Hast du heute schon was getrunken?«

»Ja, und es hat mir die Augen geöffnet.«

Max und Seidlinger rappelten sich auf.

»Erstens bin ich nicht der Typ für die Zehn Gebote. Zweitens ist das Zölibat weltfremd.«

»Stimmt«, flocht Max ein.

»Und drittens habe ich schon mehrere Gebote brechen müssen, um Ihnen das hier überreichen zu können, damit ich der Wahrheitsfindung diene.« Er erzählte Max und Maria Evita die ganze Geschichte: vom Champagner, den Buchteln, seinen nahezu täglichen Zusammentreffen mit dem örtlichen Frauenbund, seinen Nachbarn und dass er den Jutebeutel dort geklaut hatte. Gebannt waren Maria Evita und Max seiner Erzählung gefolgt, die Seidlinger gestenreich begleitet hatte.

Maria Evita machte sich Sorgen, dass der Kaplan seine Entscheidung am nächsten Tag bereuen könnte. »So, wir gehen jetzt rauf zu meiner Tante. Ich mach uns drei Tee und dann rekapitulieren wir alles der Reihe nach.«

Auch Max hielt das für eine gute Idee, denn seine Fragen wollte er ihm nicht in aller Öffentlichkeit stellen.

»Wenn der Rum-Anteil groß genug ist, soll mir das recht sein.« Auf Seidlingers Lippen zeichnete sich ein mattes Lächeln ab.

*

»Stopp!« Fäustl starrte gebannt auf den Bildschirm. »Ein paar Sekunden zurück bitte.« Sein Gesicht näherte sich dem schwarz-weißen Kamerabild. »Da ist das Opfer schon wieder.« Auf Schmierpapier, das mit Stiften in einer Plexiglashalterung steckte, notierte er mit dem Spusi-Toni die Zeiten, wann Johannes Benner von der Überwachungskamera aufgezeichnet worden war und wer zu diesem Zeitpunkt mit ihm zu sehen war. Danach fertigten sie einen Screenshot an, den Fäustl an seine E-Mail-Adresse versandte. Eine klare Identifikation war nicht möglich. Auf der Liste stand als erster Punkt: »Sechs Uhr sechsundvierzig, Benner und Thaddäus

Metzger.« Fäustl war sicher, dass es sich bei den zwei Personen um den Krankenhausapotheker und seinen Steuerberater handelte. Dahinter hatte er in Klammern geschrieben: »weibliche Person – dunkler Jogginganzug«. Nachdem Maria Evita dieses Zusammentreffen beschrieben hatte, musste sie die Unbekannte sein, die die Kamera beim Time-Code sechs Uhr siebenundvierzig eingefangen hatte. Längere Zeit verharrte sie in der Unschärfe der Gnadenkapelle, bevor sie vor die Stiftskirche trat und dann in die entgegengesetzte Richtung davonlief.

Vier handschriftliche Punkte waren zusammengekommen, nachdem Fäustl und Toni das gesamte zur Verfügung stehende Material gesichtet hatten. Um neun Uhr fünf tauchte Benner das letzte Mal lebend darin auf. Er ging allein in die Stiftskirche und kam, soweit sie das im Schnelldurchlauf beurteilen konnten, nicht mehr heraus.

Fäustl griff zu seinem Telefon und rief Max an. »Wir haben hier eine kleine Sensation.«

»Ihr habt das Tatwerkzeug?«

»Nein, besser. Der Spusi-Toni und ich werten gerade Videoaufnahmen aus, auf denen der Benner am Eingang der Stiftskirche zu sehen ist.«

»Wow! Ich hab mich scho gewundert, wo ihr hin verschwunden seid. Hat die Kirche echt Überwachungskameras für ihre Gebäude installiert?«

»Eher nicht.« Fäustl schnalzte mit der Zunge. »Kommt von einem Privatmann.«

»Also nicht rechtmäßig entstanden.«

»Korrektestens, Kramer.«

»Vor mir liegt ein ähnlich großes Wunder. Halt dich fest! Wir haben die Tagebücher vom Benner.«

Fäustl stieß einen Pfiff aus, dass der Spusi-Toni ihn verwundert anblickte. »Wo bist du, Kramer?«

»In der Küche bei Maria Evita, über dem Devotionalienhandel ihrer Tante.«

»Ich bin in ein paar Minuten bei dir.« Als Fäustl auflegte, sah ihn der Spusi-Toni neugierig an.

»Kommt Bewegung rein?«

Fäustl nickte. »Hast du Zeit, die Aufnahmen genauer zu durchstöbern, ob, nachdem der Benner in der Stiftskirche verschwunden war, einer von denen, die wir vorher mit ihm gesehen haben, ihm nachgegangen ist?«

Der Spusi-Toni gab durch ein Lächeln zu verstehen, dass er Fäustl diesen Gefallen tun würde. »›Nimm dir die Zeit‹, predigte Jesus zu den Rastlosen und führte damit die Überstunde ein«, sagte er. »Meine Jungs kommen draußen auch ohne mich klar. Falls die was aufstöbern sollten, melde ich mich umgehend.«

*

Max war mit sich übereingekommen, dass dies der Tag der unkonventionellen Methoden werden sollte, und so hatte er kurzerhand Maria Evita und Kaplan Seidlinger als Lese-Assistenten eingespannt. Sonst war der Flut an Informationen auf die Schnelle nicht Herr zu werden. Vor Maria Evita und Kaplan Seidlinger stand ein Tee ohne Schuss, allerdings befand sich neben ihm eine Flasche Cognac. Max hatte sich für ein Mineralwasser entschieden, denn Tee war nicht sein Lieblingsgetränk und erinnerte ihn zu sehr an Krankheit oder Winter. Bei dem schönen Wetter draußen hatte er auf ein warmes Getränk keine Lust.

Es klingelte. Maria Evita erhob sich, um den Türöffner zu betätigen. Sie drückte die Klinke der Küchentür, und die Anwesenden hörten, wie Fäustl die alte Treppe heraufpolterte. Oben angekommen hielt er sich an der Türzarge fest und rang nach Luft. Max stellte Seidlinger seinem Kollegen als den Finder der Tagebücher vor, und Maria Evita reichte Fäustl freundschaftlich die Hand.

»Also, Kramer, der Spusi-Toni erstellt ein Protokoll anhand der Videodaten, wer wann die Stiftskirche betreten und auch wieder verlassen hat. Dazu gibt es dann jeweils einen Screenshot. Qualität eher mittelmäßig bis unterirdisch, aber besser als nix.«

»Wo ist die Kamera?«

»Sag ich dir später, Kramer, is ja alles a bissal dubios.«

»Schau dir das mal an«, forderte Max Fäustl auf und reichte ihm eines der Hefte vom Stapel, der in der Mitte des Küchentisches lag. »Der Benner hat ungefähr jede Woche die Geschehnisse bei sich zu Hause, aus der Klinik, aus seinem Liebesleben und mit seinen Mitbewohnern notiert. Die Rauch kommt verdammt oft vor, und wenn ich seine Aufzeichnungen richtig lese, ist er ihr nach dem Beziehungsaus ziemlich nachgestiegen. Das hat echt Stalker-Qualitäten.«

Fäustl griff nach dem ihm dargebotenen Heft und überflog die Zeilen. »Is ihr das vielleicht alles irgendwann zu viel geworden und sie hat das Problem Johannes Benner selbst in die Hand genommen?«

»Möglich.« Nachdenklich wiegte Max seinen Kopf hin und her.

Seidlinger nippte am Cognacschwenker und lehnte sich mit ausgebreiteten Armen an die Küchenrückbank. »Diese Lektüre befriedigt jegliche Form des Voyeurs in mir.«

Unverständnis machte sich in Fäustls Gesicht breit. »Dürfen Sie des überhaupts sein? Ich mein, als katholischer Mann Gottes.«

»Spätestens nach den Osterfeiertagen habe ich sowieso gekündigt. Nur noch eine Predigt am Montag. Die mache ich zu meiner Abschiedsvorstellung.«

Fäustl versuchte in Seidlingers Mimik und Körpersprache auszumachen, ob es sich bei den Sätzen des Kaplans um einen Witz handelte.

»Ich meine das todernst«, schob Seidlinger nach, da er die Skepsis im Schweigen des Polizisten auszumachen glaubte.

»Sie haben am Montag einen Besucher mehr in Ihrer Messe«, sagte Fäustl schließlich. »Das lasse ich mir nicht entgehen, und ich bin evangelisch.«

Am Tisch herrschte wieder konzentriertes Schweigen. Max schob Fäustl weitere Tagebücher zu, nachdem er sich zu ihnen gesetzt hatte.

»Wie in aller Welt sind Sie an das hier gekommen?« Fäustl blickte Kaplan Seidlinger an, der seinen nächsten Cognac leerte und sich umgehend einen neuen eingoss.

»Meine Nachbarn haben mich zu Champagner und Buchteln eingeladen. Da konnte ich unmöglich Nein sagen. Die Buchteln sind auf dem Küchenboden gelandet. Blöde Sache! Und neben mir ist dann auf einmal dieser Beutel mit den Aufzeichnungen gestanden.« Aus den Worten des Kaplans sprach der Alkohol. Seine Zunge wirkte schwer, und Fäustl hatte Probleme, den Inhalt einzuordnen. Also fasste Max alles zusammen, da Seidlinger ihm vorher bereits die Umstände mit einem geringeren Blutalkoholspiegel berichtet hatte.

»Aso is das.« Fäustl griff zu seinem Telefon. »Und der Name noch mal?«

»Hopffffhannnns«, nuschelte Seidlinger angetrunken.

»Ich mach mal zur Sicherheit eine Abfrage im Aktenbestand.«

Fäustl erhob sich und ging ins Zimmer nebenan. Als er zurückkam, rieb er sich die Hände.

»Urkundenfälschung. Der Hopfhanns hat einen Eintrag«, sagte Fäustl und ließ sich wieder auf der Eckbank nieder. Die Lesegruppe machte große Augen. »Wie lange kennen Sie Ihre Nachbarn schon, Herr Kaplan?«

»Noch nisch so lllange. Alllötting is meine erste Schtelllle. Vorher war ich zum Studium in Passau.« Alle L-Laute Seidlingers waren breit. Er hatte Mühe, sie korrekt auszusprechen.

Maria Evita nahm die Cognacflasche an sich, die sie vorher dem Kaplan zusammen mit einem Schwenker gereicht hatte, und stellte diese hinter sich auf das Fensterbrett. »Ab jetzt gibt's Mineralwasser!«

Seidlinger zog eine kindliche Schnute, woraufhin Maria Evita ihm einen tadelnden Blick zuwarf.

Max war neugierig, was Fäustl bei seiner Abfrage noch in Erfahrung gebracht hatte. »Hat der Hopfhanns deswegen gesessen?«

Fäustl schüttelte den Kopf. »Geldstrafe.«

»Oh Gott«, nuschelte Seidlinger. »Dann is das alles gar nicht wahr. Das sind gefälschte Tagebücher. So schade. Ich hab mich nämlllich ganz schön verrucht gefülllt, weil ich im Privatllleben eines Toten herumlese. Warum fälscht jemand so was?« Theatralisch fasste sich Seidlinger an die Brust und beantwortete seine Frage selbst. »Um eine falllsche Spur zu legen und den Verdacht auf einen anderen zu lenken, stimmt doch, Herr Kommissar? Ich füllle mich wie Sherlock Holmes. Wir müssen alle Stellen anstreichen, in denen schlecht über einen anderen geschrieben wird. So kommen wir der Lösung des Falles näher.«

Max und Fäustl wechselten einen amüsierten Blick. »Nein, nein, die Bücher sind ganz sicher echt.«

»Echt?« Seidlinger starrte mit geöffnetem Mund in die Runde.

Max stützte die Ellenbogen auf und nickte. »Da sollte oder ist vermutlich ein Dokument mit der Handschrift des Toten erstellt worden. Tippe mal arg auf ein Testament. Ich telefoniere mit der Staatsanwältin und du mit dem Chef, und dann befragen wir die Hopfhanns, wie sie an die Tagebücher gekommen sind, und lassen eine Hausdurchsuchung bei denen machen.«

FÜNF MONATE ZUVOR

Tagebucheintrag

Drecksau! Mehr fällt mir zu Flo nicht ein. Irene hat sich von diesem Widerling bezirzen lassen. Ich soll mich nicht so haben. Was bildet der sich eigentlich ein? Schluss mit dem Scheiß. Bin gestern in der Nacht bei Irene aufgekreuzt, um sie zur Rede zu stellen. Sie hat mich kurzerhand rausgeschmissen. Flo droht, alles auffliegen zu lassen, wenn ich das noch einmal mache. Ich hab ihn angeschrien, dass er ja ausziehen kann. Er ist wie ein böser Geist, den ich nicht mehr loswerde. Wie hat er es nur geschafft, die anderen auf seine Seite zu ziehen?

Paukenschlager gibt keine Ruhe. Wann kapiert der endlich, dass ein Verkauf an seine Firma keine Option ist?

Gregor nervt mich, weil er nicht versteht, welches Potenzial eine Solaranlage auf den Äckern hätte. Dauernd stiftet er Unfrieden. Niki und er haben sich kaum noch was zu sagen. Auch da, glaub ich, hat Flo seine Hände im Spiel.

Ich fühle mich ausgenutzt und verraten. Hier wird es bald ordentlich krachen. Ich werfe sie alle raus!

IX. INS PARADIES MÖGEN DIE ENGEL DICH GELEITEN

Fäustl und Max hatten die Tagebücher zusammengepackt und waren überstürzt aufgebrochen, um weitere Schritte einzuleiten. Zum einen musste mit dem Chef und der Staatsanwältin geregelt werden, wie bei den Hopfhanns zu verfahren war, und zum anderen brauchte Max eine genaue Beschreibung, wie der Frauenbund die fraglichen Stunden in der Stiftskirche erlebt hatte. Noch im Treppenhaus hatten beide ihre Mobiltelefone gezückt und waren hinausgeeilt. Maria Evita und der Kaplan vernahmen, wie die Tür im Erdgeschoss zugeschlagen wurde.

Seidlinger schielte auffällig zur Cognacflasche auf dem Fensterbrett hinüber. »Trink halt einen mit«, forderte er Maria Evita auf.

Sie verschränkte ihre Arme. »Ich finde, du hast genug getrunken. Und als Kollegin bei der Kirche sage ich dir: Deinen Entschluss solltest du nüchtern noch einmal überdenken.«

»Quatsch! Meine Entscheidung steht fest, und da werde ich nix dran ändern.« Seidlinger kicherte albern. »Im Wort Entscheidung steckt übrigens das Wort *Scheidung.*«

»Was du nicht sagst …«

»Am Montag is für mich der llletzte Tag hier. Un Gott wird mich verstehn. Mir liegt die Sache schon eine geraume Zeit im Magen. Glaubst du, dass der Herr das klasse findet, wie sein Laden auf Erden läuft?«

Maria Evita seufzte. »Nein, ganz bestimmt nicht.«

»Alllso«, sagte Seidlinger und lehnte sich zurück. Dabei überkam ihn ein schelmisches Grinsen. »Darauf sollten wir einen trinken.«

Maria Evita griff hinter sich. »Na gut, du Nervensäge.« Sie schenkte Seidlinger nach und füllte ihre leere Tasse. »Cheers.«

»Auf die Zukunft«, lallte Seidlinger und trank mit einem Schluck aus. »Was willst du jetzt machen, wo dich das Kloster nicht mehr haben will?«

»Gute Frage, nächste Frage.«

»Jetzt lass dich auf das Gedankenspiel ein. Was für Optionen hast du und was wolltest du schon immer mal machen? Weltreisende, Almbäuerin oder Messe-Hostess? Ich werd Religions- oder Ethiklehrer, hab ich mir überlegt.«

»Du hast ja auch studiert.«

»Dann geh halt auch noch mal auf die Uni.«

Maria Evita lehnte sich schweigend zurück. Ihr Blick wurde diffus und an ihrer scheinbaren Abwesenheit erkannte Seidlinger, dass sie ernsthaft überlegte. »Ich glaub, ich möchte eigentlich heiraten und Kinder kriegen«, kam es leise aus ihr heraus.

»Was?« Seidlinger griff nach dem Cognac und bediente sich selbst äußerst großzügig. »Hab ich irgendwas nicht mitbekommen? Gibt's dazu einen Vater? Hey, ich bin der Letzte, der dich verurteilt, aber hast du dein Gelübde gebrochen?«

»Nein, das habe ich nicht. Nicht einmal in Gedanken. Vielleicht bin ich doch nicht fürs Kloster gemacht. Das ist alles.«

»Um das gleich klarzustellen: Meine Neuorientierung hat nichts mit einer Frau zu tun. Wie lange zweifelst du schon?«

»Zweifel gibt es immer, das weißt selbst. Aber richtig zugelassen habe ich es erst vor fünf Minuten.«

Seidlinger goss beiden ein und wartete, bis Maria Evita ihre Tasse zum Mund führte. »Wow, fünf Minuten. Das ist eine verdammt lange Zeit. Wenn du mir sagst, ich soll alles noch mal nüchtern betrachten, dann sag ich dir das jetzt auch. Prost! Auf die Nüchternheit.«

Maria Evita starrte vor sich hin, nippte zweimal an ihrem Cognac, der in ihrer Kehle unangenehm brannte, und sprach in Gedanken versunken, ohne ihr Gegenüber anzusehen. Ihre Vergangenheit nahm in ihrem Inneren einen großen Platz ein, die das Hier und Jetzt überschattete. »Keine Ahnung, ob ich mich heute noch einmal für ein Noviziat entscheiden würde. Damals hat es mir das Leben gerettet. Davon bin ich überzeugt. Was war dein Auslöser, dass du Priester geworden bist?«

»Ein cooler Lehrer im katholischen Jungeninternat. Ich bin einer der wenigen, der diese Zeit in positiver Erinnerung hat. Die Entscheidung fürs Theologiestudium ist einfach in mir gewachsen. Es hat kein Erweckungserlebnis gegeben.«

»Bei mir schon.«

»Da war was wegen dem Tod deiner Eltern, stimmt's?«

Maria Evita nickte. »Mama und Papa waren plötzlich weg. So bin ich zu Tante Traudl gezogen. Sie ist super gewesen, aber oft beschäftigt. Als ich Max kennenlernte, war das wie der Anker, den ich verloren hatte. Aber dann war auch er plötzlich weg.«

»Das ist der Kommissar von vorher?«

Maria Evita nickte abermals. »Ist das so offensichtlich, wenn wir zusammen sind?«

»Nö. Ich hab den Kleinstadttratsch nachgeplappert. So was erfährt man als Erstes vom Frauenbund, wenn man hier bei der Kirche anfängt.«

*

Max und Fäustl hatten auf dem Bürgersteig zwischen dem Devotionalienhandel Unterprammer und dem Hotel zur Post parallel in ihre Telefone geplappert, als wären sie Banker, die auf die Schnelle ein Aktienpaket loswerden müssten. Mehrere späte Samstagstouristen, die dem Kapellplatz zur Abendmesse entgegenstrebten, waren stehen geblieben und hatten sie fasziniert betrachtet, denn die Worte, die Fäustl gebrauchte, wiesen ihn hörbar als Kriminaler aus. »Zugriff«, »vermutlich Testamentsfälschung«, »Gefahr in Verzug, wir müssen sofort tätig werden, sonst vernichten die noch irgendwelche Beweismittel, sobald ihnen auffällt, dass die Tagebücher weg sind«, waren für jeden Pilger interessante Versatzstücke gewesen. Als es Fritz Fäustl zu dumm geworden war, als Touristenattraktion herhalten zu müssen, hatte er sein Handy vom Mund weggehalten und die Umstehenden angeblafft, dass sie gefälligst weitergehen sollten. In diesem Moment hatte sich Max stumm verabschiedet und sich im Laufschritt in die Gegenrichtung aufgemacht, um zum Haus von Monsignore Hirlinger zu gelangen. Er hatte den ehemaligen Stadtpfarrer und seine Haushälterin angerufen, denn sie war das erste Frauenbundmitglied, das ihm eingefallen war und von dem er die Nummer parat hatte.

Inzwischen stand Max vor der Haustüre und blickte auf zwei Klingelschilder. Auf dem für das Erdgeschoss stand »Schosi« und auf dem für den ersten Stock »Hirlinger«. In diesem Augenblick tobte der bayrische Defiliermarsch in seiner Jackentasche und er kramte sein Telefon wieder hervor. Als er auf den Namen blickte, der ihm entgegenleuchtete, bekam er große Augen. »Frau Dr. Rupprecht, ich grüße Sie.«

»Ich habe meine Kontakte spielen lassen.«

»Schießen Sie los.«

»Das ist jetzt der erste Befund, den der Schnelltest hergegeben hat. Wenn Dr. Birlbauer diesen konkretisiert hat, wird er ihn als PDF an Ihr Büro senden. Ja? Aha.«

»Verzeihung?«

»Moment, ich rede gerade mit ihm. Aha … aha … aha …«

Max wurde ungeduldig. »Und dieser erste Befund sagt was?«

»Also regelmäßiger Konsument war der Benner keiner. Das ist schon mal sicher. Aber Dr. Birlbauer konnte Spuren von Flunitrazepam nachweisen.«

»K.-o.-Tropfen?«, entfuhr es Max.

»Oder Valium«, kam aus dem Lautsprecher. »Gefährliche Mischung, vor allem in Zusammenspiel mit Alkohol. Na dann, frohes Schaffen und auf Wiedersehen.«

Das Opfer war also vor seinem gewaltsamen Tod in einen willenlosen Zustand gebracht worden. Max pfiff durch die Lippen und verabschiedete sich. In dieser Richtung hatte er einen leisen Verdacht gehabt, der nun bestätigt worden war. Er drückte auf den Klingelknopf neben dem Namen »Hirlinger«, denn er wusste, dass Fräulein Schosi in ihren eigenen vier Wänden nur selten anzutreffen war. Direkt darauf surrte der Türöffner. Max betrat ein enges Treppenhaus und nahm die hölzernen Stufen nach oben.

Hirlinger bat ihn herein und führte Max in seine Küche, in der Fräulein Schosi am Tisch kauerte und Kartoffeln für das Abendessen schälte.

»Ah da sans ja, Kommissar.« Sie legte die saubere Knolle in ihren Händen in einen mit Wasser gefüllten Topf und angelte sich die nächste aus einem gelben Netz. »Was wollen S' von mir wissen?«

Max lehnte sich neben Hirlinger an die Küchenzeile. »Ich brauche nicht lang. Wann hat Ihre gestrige Chorprobe begonnen?«

Fräulein Schosi sah zu beiden Männern auf. »Um acht Uhr dreißig. Eineinhalb Stunden haben wir für Mozarts Spatzenmesse gebraucht, und dann wurde es zäh, weil es schon verdammt lange her ist, dass wir das Händel-Halleluja gesungen haben. Um viertel vor zwölf war ma dann fertig und sind rüber zu Ihren Eltern ins Hotel zur Post.«

»Wurden Sie noch von einem anderen Chor unterstützt?«

Fräulein Schosi warf Max einen verständnislosen Blick zu. »Nein, der Kapellchor singt nicht am Ostersonntag. Das erledigt der Frauenbund.«

»Auch Bass und Tenor?«

»Freilich. Warum denn nicht?«

Max hatte schon ewig keinen Gottesdienst mehr besucht, beschloss aber, dass es dieses Schauspiel wert war, seine Abneigung zu überdenken. »Gibt es irgendetwas, das anders war als sonst?«

Fräulein Schosi schnitt ein großes dunkles Stück aus einer der Knollen. »Nein. Die Leidl-Berggump Annamirl hat halt ihren Einsatz permanent verpasst, aber des is ned neu.«

»Wo proben Sie in der Stiftskirche?«

»Ja, wo wohl? Auf der Empore natürlich. Wollen Sie eigentlich nachher mitessen, Kommissar? Salzkartoffeln mit Curry-Trockenfrüchte-Quark. Heute gibt's noch vegetarisch und morgen dann eine ayurvedische Lammhaxe mit Minz-Kruste und Käsespätzle zu Ostern. Das Rezept stammt von mir.«

Max beobachtete im Augenwinkel, wie der Monsignore seine rechte Hand auf den Bauch legte, als fühle er bereits Magenschmerzen. »Nein, danke«, sagte er schnell, denn die Angst davor saß ihm bereits im Nacken. Fräulein Schosis ayurvedische Experimente kannte Max aus Maria Evitas Erzählungen. Angeblich hatte sie den ayurvedischen Basiskochkurs bei der Volkshochschule besucht. Nicht gerade eine ausgewiesene Adresse für Kulinarik.

»Konnten Sie beobachten, was in der Kirche vor sich ging?«

»Ab und zu kann man schon einen Blick nach unten werfen, aber meistens war ich mit Singen beschäftigt.«

»Es mag Ihnen noch so unwichtig erscheinen, aber haben Sie irgendwelche Menschen gesehen, die nicht zum Chor gehörten und sich vielleicht in irgendeiner Art und Weise komisch verhalten haben?«

»Nein.« Fräulein Schosi ließ eine weitere Kartoffel ins Wasser gleiten.

Am Gaumen fühlte Max ein Ziehen, ein Gähnen kündigte sich an, das er nicht unterdrücken konnte. Es war ein langer Tag gewesen. Er wurde das Gefühl nicht los, hier nur seine Zeit zu verschwenden.

»Ach, wobei. Wir hatten einen Zuhörer im Kirchengestühl. Normalerweise lauscht uns bei der Probe niemand. Das hat mich schon sehr gefreut.«

»Kannten Sie denn diesen Zuhörer?«

»Nein, aber die Baronin Novotny hat behauptet, dass es wohl der Typ war, der sich später im Uhrenturm erhängt hat. Annamirl Leidl-Berggump meint aber, dass sie sich täuscht.«

»Moment«, sagte Max und griff nach dem Foto von Johannes Benner, das er seit dem vorigen Tag in seiner Jacke herumtrug. »War das der Mann?«

Fräulein Schosi trocknete ihre feuchten Hände an einem Geschirrtuch und besah sich das Bild, welches Max ihr direkt vors Gesicht hielt. »Tatsache! Das is der Kerl. Der saß scho' ganz schön lange unten und hat sich nicht gerührt. Vielleicht a bissal mitgeschunkelt bei der ein oder anderen Stelle. Dann ist er verschwunden gewesen. Ich hab nicht mitbekommen, wie er aufgestanden is.«

»Wann war er ungefähr weg?«

»So in der Mitte vom Händel Halleluja is mir des aufgefallen, dass er nimmer zugehört hat. Und ich hab mir noch gedacht, kein Wunder, weil die Annamirl so falsch im Sopran gekreischt hat. Das hält ja kein Mensch aus. Also täte ich sagen – so kurz vor elf.«

»War irgendwer bei ihm?«

»Nein. Da müssen S' echt die anderen fragen. Ich hab keinen gesehen.«

»Wer hatte denn den besten Ausblick von der Empore auf das Kirchengestühl?«

»Die Baronin steht grundsätzlich ganz vorn.«

»Ham S' a Nummer von der? Wenn ich die aus den Akten raussuchen muss, vergeht wieder wertvolle Zeit.«

Monsignore Hirlinger reichte Stift und Schmierpapier an Fräulein Schosi, die daraufhin ein paar Zahlen notierte.

*

Die Frühlingssonne hatte sich von der Kreisstadt verabschiedet. Dunkel hoben sich die Türme der Stiftskirche vom nachtblauen Hintergrund ab. Ein romantisches Bild, für das Fäustl gerade nichts übrig hatte. Zwecks des Hopfhanns-Zugriffs war von allen Seiten grünes Licht gekommen, und nun wartete er an der Ecke beim Tillyplatz auf Unterstützung durch die örtliche Exekutive. Max hatte Fäustl seinen Standpunkt geschickt mit dem Zusatz, dass sie gleich nach seiner Ankunft loslegen könnten.

Als Erstes näherte sich Seppi Mayerling mit seinem Stift Schinkenstuber und zwei weiteren Beamten im Schlepptau, während aus der anderen Richtung Max von Laterne zu Laterne zum Treffpunkt spurtete. Die fünf Männer kamen gleichzeitig bei Fäustl an, der ständig abwechselnd in die eine und dann in die andere Richtung geblickt hatte. Die Gruppe begrüßte sich schweigend. Jeder wusste, was zu tun war.

Max stellte sich dicht neben Fäustl und raunte ihm ins Ohr. »Benner is vor seinem Ableben ganz schön lang in der Kirche gehockt, außerdem hat der Assi von der Rupprecht Zeugs bei ihm im Blut gefunden, dass ihn willenlos gemacht haben muss.«

»Oh.« Fäustls Augen weiteten sich.

»Ich muss dringend mit der Baronin vom Frauenbund in Kontakt treten, die hat, laut der Schosi, den Benner in der Kirche am besten beobachten können. Telefonnummer hab ich hier.« Max klopfte auf seine Jackentasche.

»Ich geh mit den Kollegen rauf und schnapp mir die Hopfhanns. Befragung mach ma dann in Mühldorf. Versuch du die Baronin zu erreichen«, flüsterte Fäustl zurück. »Den Zugriff da oben, nehme ich dir gerne ab. Wird vermutlich eh recht eng werden.«

Max bedankte sich durch ein Lächeln. Fäustl war viel robuster als er.

»Gemma«, sagte Fäustl entschieden, und die Grünen aus Altötting machten sich unter seiner Führung auf den Weg ins Haus, in dem Hopfhanns und Seidlinger wohnten.

Max blieb auf dem Gehsteig davor stehen. In dem Moment, als er gerade zu seinem Telefon greifen wollte, begann es in seiner Tasche erneut zu klingeln. Auf dem Display leuchtete eine Altöttinger Festnetznummer auf. »Kramer.«

Eine dunkle Männerstimme meldete sich. »Krauss, Notariat Altötting. Verzeihung, dass ich jetzt erst dazukomme, aber eigentlich haben wir geschlossen. Wegen der Abfrage der Kriminalpolizeistation Mühldorf nach Johannes Benner … Bin ich da bei Ihnen richtig?«

Max war so überrascht, dass ihm die Worte fehlten.

Nach einer kurzen Pause sprach Krauss weiter. »Unter anderem steht Ihre Nummer bei den Kontakten. Bei den anderen zwei erreiche ich niemanden.«

»Ach, Sie haben das schon bekommen?« Max war wirklich erstaunt, wie schnell seine Kollegen alle Standartabfragen in die Wege geleitet hatten. Während der Feiertage zog sich so was meist endlos. »Dann schießen Sie mal los.«

»Johannes Benner hat sein Testament bei uns hinterlegt.«

»Wie lange schon?«

»Dreieinhalb Jahre.«

»Und seither ist es nicht verändert worden?«

»Nein.«

»Wer ist der Erbe.«

»Benner hat keine Angehörigen. Das ist noch einmal extra vermerkt. Seine Alleinerbin für Immobilien und sonstiges Vermögen ist eine Frau Irene Rauch, wohnhaft in …« Der Notar nannte ihre Adresse, die Max bekannt war. Er bedankte sich, schnalzte mit der Zunge und schüttelte den Kopf. Krass! Die Rauch als Erbin. Damit hatte er nun nicht gerechnet. Irgendwas war an der Sache nicht rund. Nun tippte Max Baronin Novotnys Festnetznummer ab, die ihm Fräulein Schosi auf ein kleines Schmierpapier notiert hatte. Sie musste direkt neben ihrem Telefon gesessen haben, denn Max vernahm nicht einmal ein Anläuten, dafür aber ad hoc die raue Stimme von Baronin Novotny, die nach einem »Ja« einen Hustenanfall bekam.

»Hier Oberkommissar Kramer, Kripo Mühldorf.«

Die Baronin räusperte sich. »Sie rufen bestimmt wegen gestern an. Wollen Sie mir im Nachhinein einen Platzverweis erteilen?«

»Nein, keine Angst. Baronin, mir ist erzählt worden, dass Sie während der Chorprobe einen Mann in der Kirche haben sitzen sehen.«

»Ja, das stimmt. Ich denke, dass es der Krankenhausapotheker war. Der ist schon drinnen gewesen, als ich gekommen bin, und ich war die Erste.«

»Wann war das?«

»Um halb neun.«

»War irgendwer bei ihm?«

»Tatsächlich war einmal eine Frau und einmal ein Mann bei ihm. Aber bitte fragen Sie mich nicht nach Details, wie der Mann aussah, ich war am Vormittag schwer mit meiner Altstimme beschäftigt.«

»Eine Frau und ein Mann also ... Sind Sie sich sicher?«

»Ja!«

»Wie alt ungefähr?«

»Jünger als ich. Die Frau habe ich dann draußen noch mal entdeckt, als sie mit einem der Polizisten geredet hat, der unsere Personalien haben wollte.«

Ein Knallen, als ob irgendetwas gewaltsam gegen eine Wand geschlagen wurde, drang von der Hopfhanns-Wohnung nach unten. Oben waren die Fenster auf einmal geöffnet worden und ein Mann kletterte in Panik nach draußen. »Verschwinden Sie!«, brüllte er.

Neben Max blieben die ersten Passanten stehen, die wie er selbst entsetzt nach oben blickten. Aus dem Lautsprecher seines Telefons hörte er die Baronin fragen, ob er noch in der Leitung sei. Langsam ließ er sein Handy sinken.

Der Mann im ersten Stock hielt sich am Fensterrahmen fest. »Keinen Schritt weiter oder ich springe!«

»Weg da«, rief Max und drängte die Schaulustigen vom Gehsteig runter.

»Heinz!«, gellte eine Frauenstimme aus dem ersten Stock.

In diesem Moment klatschte hinter Max der Körper des Mannes auf den Betonboden.

*

Leander Tattenbachs Wagen stoppte vor der Einfahrt zum alternativen Wohnprojekt. Aus seinen Lautsprechern wummerte AC/DCs »Thunderstruck«. Auf dem Beifahrersitz saß Gregor Pepkowski, der seinen Kopf im Rhythmus zu dem Wort »Thunder« kräftig nach vorn und hinten bewegte. Tattenbach drehte die Anlage leiser und bot Gregor seine offene Hand an. »Wir beide haben uns heute Nachmittag nicht gesehen.«

Gregor schlug ein. »Alles wie besprochen. Wir freuen uns hier auf euch.«

»Meine Frau und ich haben echt die Schnauze voll von diesem höher, breiter, weiter der Gesellschaft. Das wird ein Traum.«

»Bis die Zeit.« Mit diesen Worten verabschiedeten sich die beiden, und Gregor beeilte sich, auszusteigen.

Im Hof saßen seine verbliebenen Freunde in dicke Jacken gehüllt um ein Lagerfeuer herum, das noch nicht lange brennen konnte. Elisabeth Cortello telefonierte auf Italienisch im hell erleuchteten Haus, was durch ein gekipptes Fenster für alle hörbar war. Niki und Ronja blickten als Erste auf, als sie Gregor kommen sahen. Seine Finger formten das Victory-Zeichen. Schweigend ging er zu seiner Wohnung und kehrte mit einem alten Klappstuhl zurück. »Alles am Laufen«, sagte er, während er sich dazusetzte.

Niki fröstelte und zog die Jacke enger um sich. Ihre Schwester und Flo sahen Gregor erwartungsvoll an, doch er richtete seine Augen ins Feuer und schwieg. Vorgestern waren sie hier noch zu acht gewesen, nun nur noch zu fünft. Das Prasseln war ein wohliges Hintergrundgeräusch, das die Anwesenden ihre Sorgen für einen Moment vergessen ließ.

»Holst du Bier?«, fragte Flo, und Ronja sprang auf.

Gregor hob seinen Kopf, um ihm über die Flammen hinweg ins Gesicht sehen zu können. »Was ist mit Irene?«

»Die steckt das schon weg.«

»Und Noah und Dirk? Geht's denen gut?«

»Wo gehobelt wird, da fallen Späne. Ich habe sie das letzte Mal gesehen, als wir alle im Gericht waren. Woher soll ich also wissen, wie es ihnen jetzt geht? Wenn wir uns alle an das halten, was besprochen ist, dann sind sie garantiert bald frei.«

Ronja kam mit einem Träger zurück, der zur Hälfte mit Bierflaschen befüllt war. Mit einem Feuerzeug öffnete sie eine für Flo und fragte in die Runde, ob noch jemand ein Bier möchte. Gregor nickte und streckte seine Hand aus.

Flo nippte und nahm ihn ins Visier. »Wie isses denn im Detail gelaufen?«

»Joe hat die Tagebücher zum Hopfhanns gebracht, mit dem hat er ja schon öfter zusammengearbeitet.«

»Wir wussten immer, dass Papa nicht sauber ist, was das Geschäftliche anbelangt«, sagte Ronja abschätzig.

Gregor stand auf und blickte auf seine Freunde herab. »Er bringt ihm heute noch eine Anzahlung vorbei. Das Testament soll dann übermorgen fertig sein. Wenn wir morgen bei der Polizei den anonymen Hinweis platzieren, nehmen sie Joe sicher am gleichen Tag noch hops.«

»Perfekt!«, zischte Ronja.

»Habt ihr das Polaroid von den Tagebüchern?«, fragte Flo.

»Vorgestern bereits geschossen.« Gregor deutete auf das Hochbeet. »Liegt zur Sicherheit verpackt da drin.«

»Wer schmeißt es in den Briefkasten?«

»Ich«, meldete sich Niki zu Wort.

Gregor prostete in die Runde. »Diese Hopfhanns sind echt ein skurriles Paar.« Er lachte dreckig, da ihm Hedwig wieder in Gedanken erschien.

Ruckartig schnellte Flos Oberkörper nach vorn. »Wie? Du hast sie gesehen? Warst du etwa dabei, als Joe ihnen die Tagebücher vorbeigebracht hat?«

Gregor stotterte. »Ich … ich musste doch die Tarnung wahren. Was hätte ich denn machen sollen? Joe hätte bestimmt Verdacht geschöpft … Außerdem war die Polizei unten in der Straße. Im Auto konnte ich schlecht sitzen bleiben.«

Mit der Faust schlug sich Flo auf seinen Oberschenkel. »Wenn uns das mal nicht das Genick bricht, du Vollpfosten!«

Elisabeth Cortello kam aus dem Haus gelaufen. »Die Polizei war heute Nachmittag bei meinem Vater.« Ihr fiel das Sprechen schwer und Angst lag in ihrer Stimme.

»Und was wollten die?«, fragte Flo. Die Nachricht schien ihn nicht weiter zu kümmern. Wütend starrte er zu Gregor hinüber.

»Die Bilder der Überwachungskamera an der Ecke des Cafés.«

Flo schleuderte seine Flasche in die Flammen. »Verdammt!«

*

Stille auf dem Korridor. Die Mühldorfer Kriminalpolizeistation war nach Dienstschluss wie ausgestorben. Weder Stimmen noch Gelächter hallten durch die Gänge, des untertags ständig bevölkerten Gebäudes. Es war so ruhig, dass man das Surren der Deckenleuchten hören konnte, wenn man darauf achtete. Nur der Empfang und die Nachtbesetzung versahen noch ihren Dienst. Inzwischen zeigte die Digitaluhr nach zehn an.

In ihrem Büro befanden sich Max und Fäustl in einer anderen Dimension, in der das Tropfen der Kaffeemaschine den Takt vorgab und die eigentliche Zeit keine Rolle spielte. Beiden saß nach wie vor der Schreck in den Gliedern, und in regelmäßigen Abständen seufzten sie laut auf. Wie konnte ihr Einsatz an diesem Abend nur so schieflaufen?

Vor ihnen saß der Spusi-Toni, der seine Fleißarbeit auf dem Schreibtisch ausgebreitet hatte. Max und Fäustl folgten seinen Auswertungen der Videoaufzeichnungen nur mit halber Aufmerksamkeit, und Max musste sich extrem zusammenreißen, überhaupt etwas mitzubekommen, denn das Bild des toten Hopfhanns auf dem Gehweg drohte jeden seiner Gedankengänge zu überlagern. Es schien, seinen gesamten Schädel auszufüllen.

Fäustl zermarterte sich, wie es nun weitergehen sollte. Darauf wusste er gerade keine Antwort. Hedwig Hopfhanns war nicht vernehmungsfähig. In ihrer Wohnung hatten die Beamten fünfzehntausend Euro gefunden, aber bisher keine Dokumente, die darauf hindeuteten, dass Hopfhanns weiterhin seinem Fälscherhandwerk nachging. Das Einzige, was den Ermittlern blieb, war die Aussage von Kaplan Seidlinger. Daran gab es keinen Grund, zu zweifeln. Aber ein Beweis war das nicht.

»Ich weiß, dass es schwer ist«, sagte der Spusi-Toni. »Aber reißt euch bitte zusammen. Der Mörder läuft noch immer frei rum.«

Max und Fäustl richteten ihre Augen wieder auf Tonis Aufzeichnungen und tranken beide einen weiteren Schluck Kaffee. Sie waren müde und hatten vorsorglich einen Extralöffel Kaffeepulver in den Filter getan, denn heute würde es länger dauern. Den Bericht über die missglückte Verhaftung in Altötting hatten sie schon fertiggestellt, und Fäustl glaubte, dass sein Magenknurren den ganzen Raum erfüllen müsste. Trotzdem fühlte er keinen Hunger, was ein untrügliches Zeichen war, dass seine Nerven nach wie vor unter großer Anspannung standen.

Max rief am Computer die Datei mit den vom Spusi-Toni gefertigten Screenshots der Kamerabilder auf. »Wir versuchen die Personen zu identifizieren. Laut der Schosi und der Baronin ist der Benner bereits um halb neun drinnen gewesen und ist um kurz vor elf verschwunden. Eine Frau und ein Mann waren in dieser Zeit bei ihm.«

Fäustl reckte sich in seinem Bürostuhl. »Kramer, ich hab einen Vorschlag.«

»Schieß los.«

»Die Identifizierung übernehme ich zusammen mit dem Toni. Schließlich hatte ich durch die Befragung den meisten Kontakt mit Benners Mitbewohnern.«

»Und was soll ich machen?«

»Du liest weiter die Tagebücher. Sie enden kurz vor seinem Tod. Es hilft nix, aber wir müssen haargenau wissen, was drinsteht und wie es im Benner drinnen ausgesehen hat.«

Max nickte stumm, stand auf und griff nach dem gefüllten Jutebeutel, den er vorher an die Wand gelehnt hatte.

»Dafür darfst du gern heimgehen.« Mit dem Handrücken winkte Fäustl Max aus dem Büro. »Falls es dir plötzlich schlechter gehen sollte, greifst du zum Telefon. Comprende?«

*

Als Max den Zündschlüssel drehte, sprang automatisch das Radio an. Ricky Nelsons softe Stimme hauchte seinen größten Hit aus den Lautsprechern. *»There's a place* *where lovers go to cry their troubles away. And they call it lonesome town, where the broken hearts stay …«* Das Zusammenspiel von Text und Melodie machten dieses einfache Lied zu einem wahren Klassiker. Rickys Stimme war so luftig und hatte doch diese endlose Traurigkeit in sich, die Max immer wieder aufs Neue in seinen Bann zog. Es passte zu seiner momentanen Stimmung. Komisch, dass dieses Stück gerade jetzt im Radio lief. Es begleitete ihn seit seiner Jugend. Zum ersten Mal richtig gehört hatte er es auf dem Pulp-Fiction-Soundtrack. Den Kinofilm, in dem das Blut nur so spritzte, hatte er mit Maria Evita in der letzten Reihe händchenhaltend angesehen.

Max kurvte durch die engen Straßen Mühldorfs zu seiner Wohnung. Fäustl war ein wahrer Freund, der genau wusste, wie es in ihm aussah und wann er eine Pause brauchte. Der Anblick auf dem Gehweg in Altötting war einfach zu viel für ihn gewesen. Er musste nächste Woche unbedingt zum Psychologen, da führte kein Weg daran vorbei. Seine Hände zitterten, als der blutige Leichnam wieder und wieder vor seinem inneren Auge erschien. *»Maybe down in lonesome town I can learn to forget …«* Max setzte den Blinker und fuhr Richtung Autobahn.

ZWEI MONATE ZUVOR

Tagebucheintrag

Es wird von Tag zu Tag schlimmer. Ich habe ihnen angedroht, sie rauszuwerfen, aber das juckt keinen. Die Polizei kann ich schlecht einschalten. Drohungen zurück von jeder Seite, was passieren wird, wenn ich die Äcker verkaufe.

Zusätzlich meinen Noah und Dirk, dass es einen Aufstand bei unseren Kunden geben wird, wenn wir plötzlich nichts mehr liefern. Ich scheiß auf dieses Pack!

Bin auf der Innbrücke gestanden und wäre fast gesprungen. Irgendetwas hat mich zurückgehalten. Ich will raus aus diesem Strudel.

X. HERR, GIB IHNEN DIE EWIGE RUHE

Der Ausblick zur Decke war neu und gleichzeitig vertraut. Ihre gesamte Jugend hatte sie darauf gestarrt, sich den Kopf dabei zermartert, was nur aus ihr werden sollte, und manche unruhige Nacht darunter verbracht. Ab und zu war Max heimlich herübergeschlüpft und in den frühen Morgenstunden wieder zurück zu seinen Eltern ins Hotel geschlichen. Ob Tante Traudl es mitbekommen und freundlicherweise geschwiegen hatte, wusste Maria Evita nicht. Sie hatte nie ein Wort darüber verloren. Ihr jüngeres Ich hatte sich damals nicht vorstellen können, dass sie in ihrem Alter wieder an dieser Stelle liegen und keinen blassen Schimmer haben würde, was sie nun anfangen sollte. Wie das Leben sich entwickelte, war nicht planbar. Das hatte sie in den letzten Jahren öfter schmerzlich feststellen müssen, und genau das hatte ihr Angst bereitet, denn sie brauchte nichts mehr als Stabilität. Wie ihre Eltern damals plötzlich nicht mehr da waren, das hatte ihr den Boden unter den Füßen weggezogen, und wirklich Halt hatte sie erst wieder in der klösterlichen Gemeinschaft gefunden. So hatte sie bisher gedacht. Aber es gab diesen kleinen Punkt in ihrem Kopf, der ihr trotz aller Zerrissenheit signalisierte: Du bist hier sicher. Das Bett ihrer Jugend fühlte sich behaglich an, obwohl ein Teil von ihr gern ein paar Meter weiter im Kloster gelegen hätte.

Maria Evita schreckte auf. Was war das? Sie kannte dieses Geräusch und wusste, dass es nicht real sein konnte, sondern dass ihre Erinnerungen an Früher es heraufbeschworen hatten. Sie drehte sich auf die andere Seite und fand den Streich ihres Unterbewusstseins albern. Doch da war dieser kurze spitze und gleichzeitig stumpfe Ton wieder. In regelmäßigen Abständen trat er auf. Das war keine Einbildung. Maria Evita rappelte sich hoch und setzte sich auf. Irgendjemand warf Steinchen gegen ihr Fenster. Sie schob die Decke beiseite, schwang ihre Beine über die Kante und lauschte wieder in die Dunkelheit hinein. Schon wieder. Sie stand auf und ging auf Zehenspitzen zu ihrem Fenster. Durch die Scheibe sah sie ihn unten stehen, so wie früher. Max wirkte keinen Tag gealtert, was vor allem an seiner Körperhaltung und dem diffusen Licht der Nacht lag. Ihr Herz klopfte schneller. Sie öffnete ihr Fenster und Max tat ein paar Schritte zurück. Keiner von beiden sprach ein Wort, sie sahen sich nur an und doch fand ein Gespräch zwischen beiden statt.

»Was ist jetzt? Darf ich rein?«, fragte Max leise, aber deutlich.

Maria Evita wollte immer noch nicht sprechen, ging zu ihrem Nachttisch und kam mit dem Haustürschlüssel in ihren Händen zurück. Das war ihre Antwort. Sie vernahm ein metallisches Klirren auf dem Pflaster vor dem Haus und ein kaum hörbares »Danke«. Früher hatte er noch einen heimlichen Zweitschlüssel besessen.

*

»Ich garantiere dir, dass alles gut wird, aber du musst mir vertrauen und tun, was ich dir sage.«

Irene nickte, als würde jemand leibhaftig neben ihr stehen. Flos Stimme klang eindringlich durch das Telefon in ihr Ohr.

»Schatz, du hast nichts mit Johannes' Tod zu tun. Es gibt nichts, weswegen du dir Vorwürfe machen müsstest. Einer musste den Hinweis geben, sonst hätte er ewig weiter dieses Dreckszeug bei euch im Labor hergestellt. Denk an all die Menschen, denen du dadurch geholfen hast ...«

»Aber ...« Irene schluchzte. »Er ist tot.«

»Früher oder später bezahlt jeder für das, was er angerichtet hat. Das ist die ausgleichende Gerechtigkeit im Leben.«

Mit Daumen und Mittelfinger drückte Irene auf ihre Tränendrüsen, damit ihr Weinen endlich aufhörte, aber ihre Tränen wollten nicht versiegen. »Warum bist du nicht zur Polizei gegangen? Das frage ich mich unaufhörlich. Du bist stärker als ich, ich kann mit dem, was ich angerichtet habe, kaum umgehen.«

»Schatz, lass mich dir etwas sagen: Du warst so mutig. Wer weiß, vielleicht wäre irgendwann deine Tochter mit dem Chrystal-Dreck in Berührung gekommen.«

Irene nickte wieder und wieder. »Ja, ich hab das Richtige getan.«

»Sollte die Polizei dich nach uns befragen, dann sag nicht, dass du es von mir weißt. Du bist selbst darauf gekommen. Nicht, dass die Polizei noch auf dumme Gedanken kommt.«

»Aber ...«

»Du bist die Heldin der Geschichte. Glaub mir, du hast so vielen Menschen durch dein entschlossenes Handeln geholfen. Uns allen ist ein Stein vom Herzen gefallen, dass Johannes nun nicht mehr weitermachen kann. All diese traurigen Gestalten, die sich bei uns die Klinke in die Hand gegeben haben. All denen wurde jetzt der Hahn abgedreht. Das ist der erste Schritt in Richtung Hilfe für die.«

»Ich hätte es nicht gemacht, wenn ich ihn nicht aus dem Weg hätte räumen wollen. Das macht mir zu schaffen. Ich bin ein schlechter Mensch. Aber ich wollte einfach nur, dass Johannes mich nicht mehr belästigen kann, ich wollte nicht, dass er stirbt.«

*

Seine Hand fuhr langsam über ihren Rücken. Sie war warm und im nächsten Augenblick fühlte sie, wie seine Stirn ihr Schulterblatt berührte. Dort verharrte er und Maria Evita spürte Max' Atem durch ihr Schlaf-T-Shirt auf der Haut. Selten hatte sich etwas in der letzten Zeit so richtig angefühlt. Er schlang seine Arme um sie. Maria Evita legte ihre Handflächen auf seine Ellenbogen, und sie fühlten beide einen Moment enger Verbundenheit, die sie derart nicht einmal in ihrer Jugend gekannt hatten.

»Wie lange bleibst du?«, fragte sie leise, da sie Angst hatte, diesen Augenblick durch Lautstärke zu zerstören.

»So lange du willst. Ich hab mir Arbeit mitgebracht.«

»Was? Das ist nicht dein Ernst.«

»Doch, leider. Aber ich kann mir gerade nichts Schöneres vorstellen, als in deiner Gegenwart arbeiten zu dürfen.«

Maria Evita hatte Max' Tonfall noch nicht entschlüsselt, ob er sie auf den Arm nahm.

»Du darfst mir gern helfen«, schob er nach.

»Wie meinst du das?«

»Ich muss Johannes Benners Tagebücher genau durchforsten, und nachdem du dich heute Nachmittag schon so gut eingearbeitet hast, können wir das hier im Bett gemeinsam tun.«

Maria Evita lachte lauter, als sie wollte. »Andere entschlüsseln Krimis unter der Decke, wir entschlüsseln eben Tagebücher.«

*

Sie saßen aufrecht nebeneinander in ihrem Bett und hatten nicht bemerkt, wie die Zeit verflogen war. Der Radiowecker neben Maria Evitas Bett zeigte halb drei an. Wäre jemand in diesem Moment ins Zimmer getreten, er hätte sie für ein altes Ehepaar gehalten, das in seine Gute-Nacht-Schmöker vertieft war und die Stunden darüber vergessen hatte.

Maria Evita ließ das Heft in ihren Schoß sinken. »Je mehr ich von ihm lese, umso mehr tut er mir leid.«

»Mir tut der Benner nicht leid. Ein erwachsener, intelligenter, studierter Mann beschließt, Metamphetamin herzustellen. Er denkt überhaupt nicht darüber nach, was er damit auslöst, sondern tut es nur zum eigenen finanziellen Vorteil.«

»Dafür habe ich auch kein Verständnis, nur merke ich an seinen Zeilen, dass er ein Mensch war, der permanent verlassen worden ist. Und zum Schluss hatte er zwar noch seine Mitbewohner, aber die haben ihn emotional fertiggemacht. Er ist isoliert in einer Ecke gestanden und wusste nicht mehr weiter.«

Max schlug die nächste Seite auf und antwortete, ohne zu Maria Evita hinüberzusehen. »Ich sehe das als logische Konsequenz. Wenn du mit dem Scheiß einmal angefangen hast, egal, ob als Konsument oder als Dealer, dann ergreift es von jedem Teil deines Lebens Besitz und zieht dich schlussendlich nach unten. Es hört nicht auf, bis du ganz am Boden bist. Es gibt im Drogenkosmos keinen Gewinner.«

Maria seufzte, nahm das Heft von ihren Oberschenkeln und deutete auf eine Zeile. »Er wollte sich sogar umbringen.«

Max' Augen überflogen die betreffende Stelle. »Sein Mord hat ja dann im Endeffekt wie ein Selbstmord ausgesehen.«

»Was ist, wenn sein Mörder diese Tagebuchaufzeichnungen gekannt hat?«

»Wie meinst du das?«, fragte Max.

»Na ja, der Mord sollte ja vertuscht werden. Wenn ihr einen vermeintlichen Selbstmörder entdeckt, und euch werden seine Tagebücher dann vorgelegt, aus denen klar hervorgeht, dass das Opfer an Selbstmord gedacht hat, ermittelt ihr dann noch wegen Mordes oder ist das dann der Beweis für seinen Selbstmord, der euch genügt?«

»Ich wünschte, ich könnte mit an Sicherheit grenzender Wahrscheinlichkeit sagen, wir ermitteln dann selbstverständlich weiter. Aber bei der Arbeitsflut könnte es sein, dass mir das genügt und ich den Suizid als Grund für dessen Ableben annehme.«

»Oder was mir noch möglicher erscheint: Sein Mörder wusste, dass die Polizei ihm wegen der Drogengeschichte auf den Fersen ist, und dann inszeniert er den Selbstmord punktgenau an dem Tag, an dem er verhaftet werden soll. So sieht es doch für jeden gleich aus, als wolle das Opfer sich der Verantwortung entziehen.«

Max lächelte sie an. »Ich bewundere immer wieder deinen kriminalistischen Spürsinn.«

»Es ist genial inszeniert.«

»Eben inszeniert«, sagte Max.

»Bitte unterbrich mich nicht, ich bin gerade in Fahrt. Die gesamte alternative Wohngemeinschaft versammelt sich auf dem Kapellplatz, dann kommt die Polizei und führt sie ab, nur dieser Benner fehlt. Es sollte so aussehen, als wäre er vor den Polizisten in die Kirche geflohen und hätte dann selbst seinem Leben ein Ende bereitet.«

Max wiegte abschätzig seinen Kopf hin und her. »Die zwei Ministranten hatten seine Leiche aber schon vor dem Zugriff durch die Kollegen entdeckt.«

»Und genau das hatte sein Mörder eben nicht bedacht. Der wusste nicht, dass die Glocken schweigen und zu Mittag dort die kirchliche Jugend ihre Karfreitagsratschen schwingt.«

»Sie haben einfach mit einem früheren Zugriff gerechnet.« Während Max sein Heft beiseitelegte, wanderte sein Blick zur Decke hinauf. »Und jetzt kommen wir zu einem Punkt, der uns in der Abteilung verdammt schwer im Magen liegt.«

»Ja?«

»Haben wir bei der Polizei eine undichte Stelle?«

»Das ist in der Tat möglich, wenn wir es so betrachten.«

Als hätte ihm jemand Feuer unter dem Hintern gemacht, sprang Max auf und stand in Windeseile neben dem Bett.

»Was ist?« Erschrocken blickte Maria Evita ihn an, doch Max reagierte nicht darauf, sondern suchte sein Mobiltelefon in seiner Jacke, die er vorher achtlos auf den Boden geworfen hatte.

»Mayerling«, keuchte er und drückte auf dem Display herum, bevor er es sich ans Ohr presste. Tatsächlich meldete sich der Angerufene nach ein paar Sekunden. »Mayerling, ich weiß, dass es eine unmögliche Zeit für einen Anruf ist. Ich will auch gar keinen Small Talk führen, wie du dir vorstellen kannst, aber das hier duldet keinen Aufschub!«

»Kramer, wo brennt's?« Mayerling gähnte.

»Habt ihr gestern g'wusst, wem der Zugriff gilt?«

»Na, nur dass es sich um irgendwelche aus dem Drogenmilieu handelt.«

»Ihr habt keine Namen vorher gekannt oder woher die sind?«

»Wenn ich's dir doch sag, Kramer. Bloß Ort und Zeit.«

»Sag amoi, als du und dein Stift die Personalien vom Frauenbund aufgenommen habts, hat der Schinke vor der Kirche mit einem von denen gesprochen, die ihr später verhaftet habts?«

»Also, ich sicher ned, und vom Schinke kann ich dir das ned sagen, weil wir getrennt vorgegangen sind, um

Zeit zu sparen. Waren ja a ganzer Haufen vor der Kirche, und dann sollte ja auch noch der Zugriff erfolgen.«

»Warum hat der Schinke g'wusst, dass die von der alternativen Wohngemeinschaft sind?«

»Hat der des?« Mayerlings Stimme klang ungläubig.

»Gib mir die Nummer vo' deinem Stift!«

»Ich schick's dir aufs Handy. Passt des dann, Kramer, oder gibt's noch was?«

»Passt! Gut Nacht.«

»Gut Nacht!«, kam aus dem Lautsprecher.

Max drückte auf das rote Telefonhörersymbol und setzte sich zurück aufs Bett. »Ich hab in dem Trubel heute Nachmittag was Wichtiges übersehen«, erklärte er sein Handeln. »Das Leck bei uns ist vermutlich kleiner, als wir alle gedacht haben.«

Maria Evita streichelte über seine Schulter. »Musst du jetzt gehen?«

»Ja. Versteh mich bitte, aber mir lässt das jetzt keine Ruhe mehr. Ich brauche sofort eine Antwort, egal, wie spät oder früh es ist.«

Sie lächelte und warf einen Kuss in die Luft. »Wenn der Dienst ruft, dann kann man nix machen.«

Max beugte sich über Maria Evitas Gesicht. »Dann kann man nix machen.« Seine Lippen legten sich auf die ihren und er wisperte: »Bis später.« Nun gab er ihr einen richtigen Kuss.

*

Natürlich ging der junge Schinkenstuber nicht an sein Telefon, das wäre auch zu schön gewesen. Deshalb gab

Max die gespeicherte Adresse, die Mayerling mit den Kontaktdaten geschickt hatte, in sein Navi ein.

Das Haus, zu dem ihn die Computerstimme lotste, war zu groß, als dass es dem Polizisten in Ausbildung allein gehören konnte. Schinke wohnte anscheinend noch bei seinen Eltern, folgerte Max. Die Gegend im Osten Altöttings war gutbürgerlich, und manche Gebäude stammten noch aus den Sechzigerjahren, wie man unschwer erkennen konnte. Das Grundstück gegenüber von Schinkenstubers war seit jeher nicht bebaut, während daneben eine eckige Mietskaserne mit sechs Stockwerken stand. Schön war was anderes. Schinkenstubers Haus dagegen war zweistöckig und im typischen Voralpen-Stil erbaut, rechts davon die Einfahrt mit Garage, auf die man vom geöffneten Tor direkt zufuhr. Max parkte sein Auto davor und versuchte erneut sein Glück am Telefon. Wieder nichts. Er stieg aus und ging zur Haustüre, daneben auf Augenhöhe war ein getöpfertes Schild angebracht, auf dem er den Namen »Schinkenstuber« las. Kein Zweifel. Auch wenn Max überhaupt nichts zu befürchten hatte, so zögerte er, seinen Zeigefinger auf die Klingel zu legen. Mitten in der Nacht bei einem fremden Haus zu läuten, kostete ihn Überwindung. Max war gehemmt und fühlte sich zwanzig Jahre zurückversetzt, als er und seine Freunde in der Nachbarschaft Klingelputzen spielten. Haustürklingel betätigen und weglaufen. Bei dieser Erinnerung musste er grinsen. Noch einmal atmete er tief durch, dann drückte er den Knopf unterhalb des Namenschildes. Zuerst passierte nichts, dann klingelte er erneut, diesmal eine Spur länger. Im Haus wurde das Licht angeschaltet. Nach ein paar Sekunden nahm er eine Person wahr und hörte einen Mann hinter der Tür fragen: »Wer is drauß'd'?

»Kramer, Kripo Mühldorf.« Er zückte seinen Dienstausweis und presste ihn auf eine kleine altdeutsche Glasscheibe mit Einschlüssen, die zentral in die Haustüre eingelassen war. Das genügte, und der Mann öffnete. Max schätzte ihn auf Ende vierzig. Sein Schnauzbart und seine ungesunde rote Hautfarbe, die auf zu viel Alkohol hindeuteten, ließen ihn allerdings zehn Jahre älter aussehen.

»Was …?« Der Mann machte eine längere Pause, blickte zu Boden, um dann wieder in Max' Gesicht zu sehen. »Was …?« Schlaftrunken und oder betrunken, wie er schien, fehlten ihm die Worte. Als er einen erneuten Versuch startete, nach Max' Grund zu fragen, warum er zu nachtschlafender Zeit vor seinem Haus auftauchte, kam er ihm zuvor.

»Ist Ihr Sohn da?«

»Ja. Wofür …?«

Aus dem Hausinneren drang nun die Stimme des jungen Schinkenstubers. »Papa, was is los?«

Der alte Schinkenstuber drehte sich um. »Da ist einer von deinen Kriminalerkollegen für dich.« Hinter seiner Schulter tauchte das Gesicht seines Sohnes auf. Schinke trug einen Schlafanzug, den er definitiv keiner Frau und sicher nicht seinem Freundeskreis vorführen würde. Zwei sich umarmende Teddybären auf dem Oberteil und Herzchen auf der kurzen Hose. Unter dem Bärenpaar stand in geschwungener Schrift »Bäriges Schlummershirt«. Max spielte kurz mit dem Gedanken, ein

Foto mit seinem Handy zu knipsen, um es später gegen Schinke zu verwenden, verwarf diese Gemeinheit aber gleich wieder.

»Schinke, du, ich muss mit dir reden«, sagte Max bestimmt und die beiden Männer gingen umgehend beiseite, um ihn eintreten zu lassen.

»Geht's ins Wohnzimmer. Zweite Türe rechts«, kam von Schinkes Vater.

Im angewiesenen Zimmer stand eine plüschige Couch. Ohne abzuwarten, setzte sich Max und wies mit seiner Hand neben sich. Unsicher näherte sich Schinke.

»Was is denn um Gottes willen passiert, Herr Kommissar? Ich habe jetzt ned das Gefühl, dass Sie hergekommen sind, um mich zu befördern.«

»Erinner dich bitte an Freitagmittag.«

»Ja, warum?« Schinke nahm Platz.

»Du hast den Mayerling bei der Aufnahme der Personalien vom Frauenbund unterstützt?«

»Ja.«

»Und danach habt ihr noch den Zugriff des K4 unterstützt?«

»Ja, des wissen S' doch.«

»Hast du gewusst, wen ihr verhaften sollt?«

Von einer Sekunde zur nächsten wurde Schinkes Gesicht rot und auf Stirn und Oberlippe zeichneten sich Schweißperlen ab. Unstet wanderten seine Augen von einer Ecke des Raumes zu anderen.

Max verstand sofort, dass er mit seinem Verdacht ins Schwarze getroffen hatte. »Also, hast du's g'wusst? Ja oder nein?«

»Ja«, sagte Schinke kleinlaut. »Sie brauchen gar nicht

weiterfragen. Ich weiß, worauf Sie hinauswollen, Herr Kommissar.«

»Du hast ihnen das gesteckt, gell?«

Durch ein stummes Nicken gab Schinke zu verstehen, dass Max auch in diesem Punkt richtig lag.

»Woher hattest du die Informationen? So was bleibt normalerweise unter Verschluss. Nicht einmal ich hab von den Ermittlungen des K4 im Vorfeld erfahren.«

Schinke wand sich auf der Couch und bewegte seinen Oberkörper hin und her, ohne ein Wort von sich zu geben.

»Red endlich!«

»Ich hab da was mit einer von den Azubinen aus dem Schreibbüro der Kriminalpolizeistation.«

Vor lauter Wut schlug sich Max mit der Faust auf den Oberschenkel, dass sich sein Gesicht vor Schmerzen verzerrte. »Ihr seid's einfach nur blöd. Jetzt leg alles auf den Tisch und dann werd ich mich für dich einsetzen.«

»Ja, ham Sie noch nie irgendwas Berufliches mit einer Freundin oder mit der Familie diskutiert?«, wurde Schinke unvermittelt lauter.

»Nein!«, brüllte Max und wusste sofort, dass er eben eine der größten Lügen seines Lebens von sich gegeben hatte. In der letzten Zeit hatte er die berufliche Schweigepflicht mehr als Empfehlung, denn als unabdingbare Richtlinie betrachtet. »Wem und warum hast du des weitergetratscht?«

»Der Cortello Elisabeth.«

»Ihr kennt euch schon lange?«

»Schon immer. Schließlich verkaufen ihre Eltern das beste Eis der Gegend.«

»Wie is des gekommen?«

»Mia treffen uns halt manchmal. Aber bloß zum Schmusen, ned zum …«

»Okay«, rief Max und signalisierte Schinke, dass er sich den Rest denken konnte.

»Die Elisabeth hat plötzlich wieder Kontakt zu mir aufgenommen, obwohl sie ein paar Jahre älter ist. Und dann hat sie mir gesagt, dass sie weiß, dass gegen alle von ihrem Hof ermittelt wird, weil sie den Anwohnern ein Dorn im Auge sind.«

»Des hat sie g'sagt?«

»Ja, und dass sie und ihre Freunde von der Alternativen Auswahl sich der Verhaftung gar ned entziehen wollen, weil es is ja eh nix dran an den Vorwürfen, aber sie würden es halt gern vorher wissen und ob ich ihnen da ned helfen könnte. Dann hab ich halt mei Freundin in eurem Schreibbüro angespitzt.«

Max atmete tief durch, presste seinen Kiefer mit Gewalt aufeinander und kämpfte gegen das Verlangen an, Schinke am Ohr zu ziehen, bis er versprach, nie wieder etwas Dummes von sich zu geben oder zu tun. »Du hast sie also auf dem Stand der Dinge gehalten?«

Schinke nickte.

»Dir is klar, dass des ein Nachspiel haben wird? Ab jetzt hältst du den Mund, bis sich alles geklärt hat. Verstanden?«

Schinke nickte abermals und schluckte dabei heftig, als hätte er einen halben Semmelknödel im Mund. »Wie sind Sie denn draufgekommen, Herr Kommissar?«

»Ich hab mich dran erinnert, dass du vor der Kirche bereits gewusst hast, wen du gleich verhaften wirst, und dich aufs Ballern gefreut hast.«

»Ja, mei die alternativen Mädels sind ganz nett, bloß die Burschn a bissal blöd.«

Max sah Schinke entgeistert an.

»Das war bloß ein Witz, Herr Kommissar.«

»Und ein schlechter noch dazu.«

*

Die Tankstelle am Altöttinger Stadtrand war sieben Tage die Woche vierundzwanzig Stunden hindurch geöffnet und schon in Max' Jugend seine Anlaufstelle mitten in der Nacht gewesen, wenn alles andere dichtgemacht hatte. Max hatte einen Energydrink gekauft, lehnte sich gegen seine Fahrertüre und schraubte den Verschluss ab. Rote und gelbe Lichter warfen ein eigenartiges Farbmuster auf sein Gesicht. Es war kühl. Das fiel ihm umso mehr auf, da die letzten Tage von außerordentlich hohen Temperaturen geprägt gewesen waren und seine Müdigkeit von jeder Faser seines Körpers Besitz ergriffen hatte. Max ließ seinen Gedanken freien Lauf.

Die Alternative Auswahl wusste, dass ihre Verhaftung unmittelbar bevorstand. So konnte jemand den Mord an Benner als Suizid tarnen, damit es wirkte, als ob er seiner Verhaftung zuvorkommen wollte. Gar kein so dummer Plan. Trotzdem voller Schwachstellen. Während Max einen Schluck nach dem anderen nahm und dabei feststellte, dass ihm Energydrinks noch nie wirklich geschmeckt hatten, tippte er eine Textnachricht an Fäustl. »Ich glaub, ich weiß es jetzt. :-)« Als er auf Senden drückte, bemerkte er, dass sein Kollege ebenfalls noch online war. Zwanzig Sekunden später erhielt Max zwei Zeilen zurück. »Wir auch. Komm nach Mühldorf.« Max warf die halb volle Flasche in den Mülleimer neben der Zapfsäule, an der er geparkt hatte, und schwang sich hinter das Steuer.

EINE WOCHE ZUVOR

Tagebucheintrag

Warum ist die Welt so scheiße, wie sie ist? Hab mir aus der Klinik Schlaftabletten mitgebracht. Ich will endlich wieder pennen können.

Letztes Ultimatum! Nächste Woche ist unser Projekt beendet und alle ziehen aus, oder ich lasse die ganze Sache platzen. Mir egal. Alles!

Lieber ein Ende mit Schrecken, als ein Schrecken ohne Ende. Meine Hand war bereits am Telefon, aber Flo hat es mir aus der Hand geschlagen. Er weiß, dass ich es ernst meine.

Ich kann nicht mehr! Wenn sich nichts ändert, werde ich meine Strafe akzeptieren, und irgendwann in ferner Zukunft habe ich dann meine Ruhe.

XI. UND DAS EWIGE LICHT LEUCHTE IHNEN

Fäustl und der Spusi-Toni hatten glasige Augen. Als Max sein Büro betrat, sahen beide vom Schreibtisch auf, und Fäustl reckte ein paar Din-A4-Seiten triumphal in die Luft.

»Frohe Ostern! Hier ist die komplette aufgeschlüsselte Auswertung der Kamerabilder, wer wann mit wem die Stiftskirche betreten hat. Und das wird dich umhauen.« Er stutzte und ließ seinen Blick an Max hinab- und wieder heraufgleiten. »Du schaust nicht gut aus.«

»Egal.«

»Kramer, der letzte Nachmittag macht uns allen zu schaffen, wenn du doch lieber jetzt heimgehen ...«

»Fritz, mir geht's gut. Aus! Lass uns diesen verdammten Fall lösen, und dann geh ich nächste Woche in Urlaub.«

»Das halte ich für eine ausgezeichnete Idee, Kramer!« Der Spusi-Toni nickte ihm aufmunternd zu.

Ein Gähnen überkam Max und er rieb sich die Augen. »Was habt ihr? Ich hab das Leck bei uns.«

»Bitte?« Fäustl und dem Spusi-Toni war der Ausruf gleichzeitig herausgeplatzt.

»Ja ...« Max fasste seine Erkenntnisse zu Schinke und seinen Damenbekanntschaften zusammen, worauf der

Fäustl ihm einen genauen Abriss gab, was die Kamera aufgezeichnet hatte.

»Auf geht's!« Max sah auf seine Uhr. »Kurz nach sechs. Die Nachtruhe ist vorbei. Ich ruf die Staatsanwältin an und dann ab die Post. Und die Rauch schnappen wir uns auch.«

»Das reimt sich«, sagte der Spusi-Toni.

»Und was sich reimt, ist gut«, entgegnete Max.

Fäustl kratzte sich am Kopf. »Gestatte die Frage: warum?«

Max hob entschuldigend seine Schultern. »Am Nachmittag war etwas viel los, wie wir alle wissen. Das Notariat hat angerufen, was ich im Tohuwabohu danach verdrängt habe. Die Rauch ist die Erbin und sie hat das Krankenhaus wegen des Chrystals informiert. Benner hat in seinen Tagebüchern geschrieben, dass der Wortmann mit der Irene Rauch jetzt zusammen ist.«

»Das stinkt natürlich gewaltig.« Nervös zuckten Fäustls Augenbrauen.

*

Die neuen Erkenntnisse ließen die Staatsanwältin nicht lange zögern, sie erließ umgehend Haftbefehle gegen die ganze Gruppe inklusive Irene Rauch.

Die sechs Personen standen nun an diesem Ostersonntag um neun Uhr dreißig lose verteilt in diesem nüchternen großen Raum der Mühldorfer Kriminalpolizeistation, der neben Vernehmungen auch zu Meetings genutzt wurde. Drei Tische standen an den Wänden und die zugehörigen Stühle hatte jemand an der gegenüberliegenden Wand gestapelt. Die Gesichter der Anwesenden waren von einer ungeheuren nervlichen Anspannung gekennzeichnet. Jeder schwieg. Keiner traute sich, auch nur ein Wort zu wechseln oder einen anderen länger anzublicken als üblich. So vergingen ein paar Minuten, bis Max und Fäustl den Raum betraten und nickend grüßten. Beide hatten ihre Laptops dabei, und Fäustl hatte zusätzlich die ausgedruckten Kamerabilder und seine handschriftlichen Aufstellungen unter den Arm geklemmt. Sie baten die Anwesenden, die zwei Tische in der Mitte zusammenzurücken und sich auf Stühlen darum zu gruppieren. Als alle dem nachgekommen waren, starteten beide ihre Rechner.

Fäustl sah jedem einzelnen ins Gesicht. Das waren sie also.

»Möchte uns irgendwer, irgendetwas vorab mitteilen?« Max ließ seinen Blick schweifen. Eisiges Schweigen war die Antwort.

Fäustl ergriff das Wort. »Gut. Fangen wir mit einer einfachen Frage an. Wer hat die Tagebücher von Johannes Benner zu den Hopfhanns gebracht?«

Wieder kam nicht die geringste Reaktion. Keine Regung, kein Laut. Also legte Fäustl noch eins drauf. »Herr Hopfhanns hat sich gestern Nachmittag übrigens umgebracht. Seine Frau kooperiert mit uns. Ich gebe Ihnen jetzt allen die Chance, reinen Tisch zu machen?«

Eine angespannte Stille breitete sich im Raum aus, und keiner der Anwesenden konnte einem anderen ins Gesicht sehen.

Max' Stuhl knarzte, als er sich zurücklehnte und Irene Rauch ins Visier nahm. »Sie erben doch eh alles,

Frau Rauch. Ist Ihnen eigentlich klar, dass da jemand Sie ordentlich um Ihr Erbe prellen wollte?«

Irene Rauchs Gesicht bewegte sich. »Ich erbe was?«

»Die Häuser und das Vermögen von Herrn Benner. Sie sind die Alleinerbin. Er hat keine anderen Angehörigen.«

»Das wusste ich gar nicht«, sagte sie überrascht.

Max und Fäustl hatten keinen Grund, an ihrer Aussage zu zweifeln. Hier würden sie die Rauch packen. Sie wechselten einen kurzen Blick, der den Außenstehenden nicht auffiel. Max sah Irene Rauch durchdringend an. »Sie haben dann die Ermittlungen gegen Johannes Benner in der Klinik vorangetrieben, da sie gehofft haben, wenn seine Karriere zerstört ist, dann bringt er sich um und ihnen gehört das Anwesen.«

»So ein Quatsch.« Irene Rauch überkam ein Schluchzen. »Ich wusste doch gar nicht, dass er mich in seinem Testament bedacht hat.«

»Aber Sie wussten von Benners Chrystal-Herstellung! Und das übrigens nicht von irgendeinem Lageristen, der Ihnen seinen Verdacht zufällig zwischen Tür und Angel mitgeteilt hat. Das ist schon ganz schön naiv, zu glauben, dass wir Ihnen diese Geschichte abkaufen.«

»Nein, ich wusste es natürlich von Flo.« Sie wischte sich die Tränen aus dem Gesicht, während Wortmann ihr einen tödlichen Blick zuwarf.

»Eben.« Max sah zuerst zu Irene Rauch, dann zu Flo Wortmann hinüber. »Sie, Frau Rauch, sind von Herrn Wortmann einfach für seine Zwecke eingespannt worden. Auf diese Weise bestand die Möglichkeit, dass

Johannes Benner früher oder später verschwinden konnte. Herr Wortmann hätte dann freie Bahn. Entweder an Ihrer Seite oder als Verwalter des Anwesens, solange Benner sitzt.«

»Sie haben eine blühende Fantasie«, sagte Wortmann emotionslos und verharrte dabei regungslos auf seinem Stuhl.

»Habe ich das? Für Sie sah es ganz einfach aus. Sie hatten ja mit dem Drogengeschäft nicht wirklich was zu tun. Allerdings Ihre Mitbewohner Noah und Dirk. Mehrere Fliegen mit einer Klappe schlagen, nenne ich das. Noah und Dirk Dube, die alle Geschäfte mit den Kunden abwickelten, waren so auch aus dem Weg geräumt. Herr Wortmann, haben Sie die Tagebücher zu den Hopfhanns gebracht?«

»Das ist Papa gewesen«, sagte Niki und richtete sich auf. Ronja, die neben ihr saß, streckte ihre Hand aus, um sie am Oberarm zu berühren, aber ihre Schwester ließ es nicht zu. »Papa wollte sich als Erbe eintragen lassen, um ein Neubauprojekt auf Johannes' Grundstück voranzutreiben.«

»Interessant. Haben Sie oder Ihre Schwester Ihrem Vater die Tagebücher besorgt?«

Niki schüttelte den Kopf.

»Ich weiß, dass Sie das nicht haben. Frau Hopfhanns sprach von einem jungen Mann.« Max drehte seinen Körper in Richtung Wortmann. »Möchten Sie nicht doch mit uns kooperieren?«

Flo Wortmann wich der Konfrontation aus und senkte sein Kinn zum Brustbein, um Max nicht länger ansehen zu müssen.

Gregor Pepkowski hob seine Hand, als wolle er sich in einer Schulklasse zu Wort melden. »Herr Kommissar, ich habe mit Joe Paukenschlager die Tagebücher vorbeigebracht.«

»Herr Pepkowski, das hätte ich mir denken können. Allerdings sollten Sie nicht im Testament stehen, oder?«

»Nein, ganz allein Herr Paukenschlager.«

»Kann es sein, dass Sie Joe Paukenschlager hereinlegen wollten, Herr Pepkowski?«

Aus dem Hintergrund kam die Stimme von Elisabeth Cortello. »Gregor wollte Joe mithilfe seiner Töchter verarschen. Niki und Ronja haben den Deal eingefädelt, um sich an ihrem Vater zu rächen. Sie wussten, dass er eine Testamentsfälschung in die Wege leiten würde.«

Ronja und Niki blickten ihre Freundin entgeistert an. »Wie kannst du nur«, zischte Niki.

Max grinste. »Frau Cortello, es freut mich, dass Sie sich entschieden haben, an unserer Gesprächsrunde teilzunehmen. Nun zu Ihnen.« Er gab Fäustl ein Zeichen, der ein Papier mit einem Ausdruck aus seinem Stapel zog, aufstand und es zu Elisabeth Cortello über den Tisch reichte. Sie erschrak, als sie sich selbst darauf erkannte. »Hier haben Sie um kurz vor zehn am Freitagvormittag einen Rucksack auf Ihrem Rücken und betreten die Stiftskirche. Exakt zweiundzwanzig Minuten später kommen Sie wieder heraus.« Max schnippte in die Luft, und Fäustl präsentierte einen weiteren Ausdruck. »Nur schleppen Sie nichts mehr bei sich. Da stellt sich für uns doch die Frage: Was war drin und wo haben Sie es deponiert?«

Cortello vergrub das Gesicht in ihren Händen.

»Ich werde es Ihnen sagen.« Max sprach betont leise, als würde er ein großes Geheimnis verraten. »Da drin befand sich ein Seil.«

»Nein, nein, nein.« Elisabeth Cortellos flache Hand klatschte auf die Tischplatte.

Max wurde eine Spur energischer. »Doch, genau jenes Seil, mit dem Johannes Benner später aufgehängt wurde.« Erneut gab er Fäustl ein Zeichen. Umgehend legte Fritz der Cortello eine dritte Seite vor. »Denn hier um viertel nach elf«, fuhr Max fort, »betreten Sie erneut die Stiftskirche, sind aber nach fünf Minuten schon wieder zurück. In Ihren Händen befindet sich wieder der Rucksack, aber diesmal ist er leer.«

»Ich hab Johannes nicht umgebracht!« Elisabeth Cortellos Stimme war mit einem Mal brüchig.

»Dazu haben Sie gar nicht die Kraft. Wobei auch Sie einen Betäubten erdrosseln könnten, aber ins Gebälk hinaufziehen eher nicht. Sie haben sich darum gekümmert, dass Ihre Gruppe genau wusste, wann der Zugriff auf Sie alle erfolgen sollte. Dazu haben Sie sich an einen jungen Kollegen rangewanzt. So sollte der Mord an Johannes Benner vertuscht werden und wie ein Selbstmord aussehen, als ob er sich seiner Verhaftung entzogen hätte.«

Ruckartig erhob sich Irene Rauch. »Ihr Schweine«, keuchte sie.

»Bitte beruhigen Sie sich.« Fäustl machte eine beschwichtigende Geste.

Aschfahl starrte Irene Rauch in die Runde. »Ich brauche frische Luft. Darf ich ein Fenster kippen?«

Fäustl gab ihr durch ein längeres Blinzeln zu verstehen, dass dies in Ordnung sei.

Irene Rauch rückte ihren Stuhl zurück, ging zur Fensterfront und nachdem sie eines davon einen Spaltbreit geöffnet hatte, zog sie es vor, dort stehen zu bleiben. »Wie ist Johannes betäubt worden?«

»Dazu wollte ich gerade kommen«, sagte Max. »Nachdem Johannes Benner die Stiftskirche betreten hatte, ist er nicht mehr herausgekommen. Als Nächstes ist Ronja Paukenschlager zu ihm gegangen.«

Zum Beweis reckte Fäustl einen weiteren Ausdruck in die Luft.

Max nahm ihm das Blatt aus der Hand. »Hier, Frau Paukenschlager, tragen Sie einen Korb in die Kirche hinein.«

»Da waren Ostereier als Werbemittel drin. Der Frauenbund kann Ihnen das bestätigen«, verteidigte sich Ronja.

»Und eine Thermoskanne.« Mit einem Kugelschreiber deutete Max auf die betreffende Stelle des Ausdrucks. »In Johannes Benners Blut hat die Rechtsmedizin eine hohe Dosis an Beruhigungsmitteln gefunden. Nicht so viele, dass er sofort in einen komatösen Zustand hinübergedämmert wäre, aber so viel, dass er willenlos war. Genau das, Frau Paukenschlager, war in Ihrer Thermoskanne. Tee, Rum und Valium oder irgendwas in der Richtung.«

»Blödsinn! Das war Kaffee für uns«, ereiferte sich Ronja.

»Nein, Frau Paukenschlager.« Mit dem Zeigefinger klopfte Fäustl auf seinen Laptop. »Frau Cortello hat bei der Befragung davon gesprochen, dass sie für alle Kaffee holen war. Warum sollte sie, wenn Sie selbst einen dabeihaben? Demonstrativ ist so der für Johannes Benner übrig geblieben. Aber Sie, Frau Paukenschlager, sind in die Kirche und haben Johannes Benner unter einem Vorwand etwas zu trinken angeboten. Und zwar nicht den Kaffee von Elisabeth Cortello, sondern den Tranquilizer-Cocktail aus Ihrer Thermoskanne.«

Ronja atmete schwer. »Bitte glauben Sie mir. Ich hab Johannes nicht getötet.«

»Nein, das hat Herr Wortmann erledigt.«

Flo sank komplett in sich zusammen.

»Sie sind der Vorletzte, der zu Johannes Benner in die Kirche gegangen ist. Nach Ihnen kam nur noch einmal Frau Cortello zurück, um den Rucksack zu holen. Auf den Bildern ist in der Vergrößerung zu erkennen, dass Sie beim Betreten keinen Gürtel tragen, dafür jedoch einen, als Sie wieder herauskommen. Hätten Sie eine Winterjacke getragen, wäre uns dieses Detail gar nicht aufgefallen, aber dank dieses warmen Frühlings schon. Ich glaube, Frau Cortello hat in dem Rucksack nicht nur ein Seil, sondern auch einen Gürtel transportiert, den sie nach dem Mord durch die Schlaufen an Ihrer Hose geschlängelt haben. Nicht wahr, Herr Wortmann? Sie haben das durch Tranquilizer willenlos gemachte Opfer in den Turm hinaufbugsiert, oben erdrosselt und dann alles so aussehen lassen, als wäre es ein Selbstmord gewesen.«

Niemand sprach. Entsetzt starrte Irene Rauch auf die Menschen neben sich auf den Stühlen. »Warum habt ihr das getan?«

Da niemand ihre Frage beantwortete, stand Max auf und ging zu ihr hinüber. »Weil Sie Angst hatten, ihr gutes Leben und ihr Zuhause zu verlieren. Sei es durch Verkauf oder Rauswurf. Um es auf den kleinsten gemeinsamen Nenner herunterzubrechen: Habgier! Außerdem war es für die Damen Paukenschlager eine willkommene Art, ihrem Vater einen Denkzettel zu verpassen.«

*

Kaplan Seidlinger stand in einem groß-karierten hellblauen Anzug vorn am Altar und nicht wie gewohnt in einem liturgischen Messgewand. Das hatte schon zu allerlei Aufsehen und Getuschel geführt, wie Maria Evita und Max mitbekamen, die in einer der mittleren Reihen der Altöttinger Stiftskirche Platz genommen hatten. Um sie herum herrschte nur dieses eine Gesprächsthema: das Outfit des Kaplans.

Die Stimme Seidlingers strömte über den Hall zu den Gläubigen: »Am darauffolgenden Ostermontag machten sich zwei der Jünger voller Verzweiflung auf nach Emmaus. Ein Mann gesellte sich zu ihnen und erklärte ihnen den Sinn des Todes und des Leidens Jesu.«

»Wann, glaubst du, kommt er zum springenden Punkt?«, flüsterte Max zu Maria Evita. Er hatte inzwischen den verlorenen Schlaf der letzten Tage nachgeholt und wirkte fast wiederhergestellt. Nur wenn man genau hinsah, entdeckte man noch leichte Augenringe.

»So wie ich ihn kenne, baut er noch ein bissal mehr Spannung auf.«

»Gut, ich muss nämlich mit dir noch etwas extrem Wichtiges besprechen.«

»Hier?« Maria Evita blickte ihn verwundert an.

»Ja. Ich werde dich selten bis nie in den Gottesdienst begleiten.«

»Okay.«

»Ich muss aufhören, mit dir über meine Arbeit zu reden. Ich verletze permanent meine Schweigepflicht, und das muss aufhören. Wir hatten gerade den Fall mit dem jungen Schinkenstuber …«

»Du tust es übrigens schon wieder.«

»Was?«

»Deine berufliche Schweigepflicht verletzen.«

Max griff nach Maria Evitas Fingern und flocht die seinen hinein. »Unser Stoppwort ist ab jetzt ›Ostermontag‹. Immer wenn ich von der Arbeit erzähle oder zu viel trinke oder etwas Blödes tue, musst du mich sofort unterbrechen.«

Maria Evita drückte seine Hand. »Einverstanden.«

Durch das Mikrofon des Kaplans drang ein Räuspern zu ihnen, als nehme Seidlinger Anlauf zum Höhepunkt seiner Predigt. »Die Jünger erkannten Jesus nicht. An dieser Stelle will ich abbrechen und Ihnen mitteilen, dass auch ich mich mit dem Erkennen des Herrn schwertue. Ich bin kein Suchender mehr und auch kein Zweifler. Meine Zweifel haben mich zu einer Entscheidung kommen lassen. Ich bin für eine Laufbahn im Dienste des Herrn nicht geschaffen. Der Herr ist mit seinem Personal sicher unzufrieden! Hiermit quittiere ich meinen Dienst. Ich wünsche Ihnen allen noch einen schönen Tag.« Seidlinger schaltete mit einem Knacken das

Mikrofon aus und ging durch die Mitte dem Ausgang entgegen. Die ungläubigen Gesichter der Gläubigen folgten ihm.

Max stand auf und begann zu applaudieren.

»Ostermontag!« Maria Evita zog ihn energisch am Ärmel seiner Jacke.

MEIN AUFRICHTIGER DANK GEHT AN:

den Gmeiner-Verlag und meinen Lektor Sven Lang

meinen Agenten Dr. Patrick Baumgärtel

Sepp Mayer, der sich für meine kriminalistische Weiterbildung immer viel Zeit nimmt. Danke an Christa, die sich dabei um unser leibliches Wohl gesorgt hat. Der nächste Satz ist mir in diesem Zusammenhang sehr wichtig: Der Alltag der Kriminalpolizei ist viel komplizierter, als ich das hier darstelle. Ich ziehe meinen Hut vor dieser Arbeit und sage Danke, dass ich das Privileg habe, in einem sicheren und demokratischen Land zu leben.

Anja Jurovic und der gesamten Apotheke der Kreisklinik Altötting. Ohne diese Unterstützung und ihre Idee, meinen Ursprungsgedanken zu verändern, hätte ich »Karfreitagstod« nicht schreiben können. Extradanke :-) !

Marina, Heidi und Maximilian, die mich im Entstehungsprozess sehr unterstützt und mir ermöglicht haben, in Ruhe zu schreiben.

Sonja Lugauer, Lars Ritschel, J. B. und G. P.

die PULS Reportage über die MPU

Jan Geiger vom Sub München für die umfangreiche Beratung zum Thema ChemSex und Chrystal Meth

den Werbesprüchen der bayerischen Spirituosen-Industrie

meinen Freundeskreis – ihr seid toll!

und wie immer ganz Altötting selbstverständlich!

ANTON LEISS-HUBER
Gevatter Tod in Altötting
Kriminalroman
GMEINER
© Erika / stock.adobe.com